Loretta Stern ★ Anja Constance Gaca
Björn Moschinski

Breifrei!
Das Veggie-Kochbuch

Loretta Stern ★ Anja Constance Gaca ★ Björn Moschinski

Breifrei!
Das Veggie-Kochbuch

80 einfache Rezepte für Babys
und die ganze Familie

Fotos von Maike Jessen
und Susanne Krauss

Kösel

Sollte diese Publikation Links auf Webseiten Dritter enthalten, so übernehmen wir für deren Inhalte keine Haftung, da wir uns diese nicht zu eigen machen, sondern lediglich auf deren Stand zum Zeitpunkt der Erstveröffentlichung verweisen.

Hinweis:
Der Inhalt dieses Buches basiert neben wissenschaftlichen Empfehlungen auf der Erfahrung der Autoren und erhebt keinen Anspruch auf Vollständigkeit. Dies gilt auch für etwaige Produktnennungen. Die Lektüre dieses Buches ersetzt nicht die ärztliche oder diätologische Beratung. Sollten Sie unsicher sein, ob Ihr Kind ausreichend gut gedeiht und versorgt ist, begeben Sie sich bitte in kinderärztliche Behandlung. Eine Haftung vonseiten der Autoren oder des Verlags ist ausgeschlossen.

Verlagsgruppe Random House FSC® N001967

Copyright © 2017 Kösel-Verlag, München,
in der Verlagsgruppe Random House GmbH,
Neumarkter Str. 28, 81673 München
Umschlag: Weiss Werkstatt, München
Umschlagmotiv: Evgeny Atamanenko, AS Food studio, HARNZING, Tanapat Phuengpak, sss615, Yossi James, Mikhail Martynov, oxyzay/Shutterstock
Food Fotografie und Styling: Maike Jessen | www.maikejessen.de
Foodstyling: Pia Westermann
mit Ausnahme von Susanne Krauss (Einleitungsteil)
Wir danken für die freundliche Unterstützung der Fotoproduktion:
Bridget Bell | bridgetbell-countrystyle.de
Autorenfoto Loretta Stern & Anja Constance Gaca: © Markus Nass
Autorenfoto Björn Moschinski: © Stefano Vicinoadio Photographie
Layout, Illustration und Satz: Nadine Clemens, München
Druck und Bindung: Kösel, Krugzell
Printed in Germany
ISBN 978-3-466-31090-6
www.koesel.de

Dieses Buch ist auch als E-Book erhältlich.

Inhalt

Vorwort der Autorinnen — 6

Veggie für Babys? Na klar! — 8

Breifrei – ein Wort vorweg — 9
Muttermilch oder Formulanahrung? — 10
Vorteile breifreier Beikost — 11

Volle Pflanzenkraft voraus! — 12
Björn – warum ich mich vegan ernähre — 12
Pflanzlich basierte Kost – was man wissen muss — 15
Babys vegan ernähren – darf man das? Wir haben den Experten gefragt! — 16

Breifrei-Fakten, praktisch gebündelt — 20
Bitte unbedingt beachten! — 20
Wann ist Ihr Kind bereit für Beikost? — 21
Wichtig: eine baby- und elternfreundliche Essumgebung — 22
Die Angst vor dem Verschlucken — 23
Wohlfühltipps für alle Beteiligten — 23

Was kommt auf den Teller? — 26
Gemüse — 26
Obst — 27
Fette, Öle und Streichfette — 27
Muttermilch, Säuglingsmilch und pflanzliche Milchalternativen — 28
Getreide — 29
Salz, Gewürze und Kräuter — 29
Zucker und Süßigkeiten — 30

Lieber nicht! — 31
Nährstoffe — 31
Wählerische Esser — 35

Warenkunde:
Einkauf und Vorratshaltung — 37
Biologisch, regional und saisonal — 37
Saisonkalender — 38
Vorräte — 39

Gewusst, wie – der Kochalltag mit Baby — 41
Darf mein Kind das jetzt wirklich alles essen? — 43

Ran an die Töpfe: Die Rezepte

Frühstücksideen & Smoothies — 47
Aufstriche, Dips & Co — 57
Snacks & Fingerfood — 71
Suppen — 83
Hauptgerichte — 97
Saucen & Pesto — 117
Sweets — 127

Anhang

Die Autorinnen und der Koch — 141
Dank — 141
Anmerkungen — 142
Rezeptregister — 143

Liebe Leserinnen, liebe Leser,

wie bei eigentlich allen Babythemen gibt es auch bei der Beikost nicht nur einen einzigen gangbaren Weg, so viel ist heutzutage klar. Der Einheitsbrei für alle Kinder kann und muss es wirklich nicht sein, jede(r) sollte in seinem eigenen Tempo und in einer für sie oder ihn passenden Weise von der Milch zur festen Nahrung übergehen. Jedoch muss dieses Konzept auch für den Rest der Familie Sinn ergeben; nirgendwo steht geschrieben, dass man seinem Kind alles anbieten muss, was in jedem entfernten Winkel dieser Welt so alles an seltsamen Dingen verspeist wird.
Im Gegenteil, um die Angelegenheit für alle Beteiligten erfreulich und in den Alltag integrierbar zu machen, sollte das Baby am besten von Anfang an direkt am Familientisch die ersten Esserfahrungen machen. Heißt: Wenn Mama sich nicht vorstellen kann, Fleisch zu essen, muss sie ihrem Kind auch mitnichten ein Schnitzel braten. Wie kann ich jedoch sicherstellen, dass mein Nachwuchs ausgewogen und umfassend versorgt ist, wenn ich nicht möchte, dass er tierische Produkte zu sich nimmt? Worauf muss ich bei einer rein pflanzlichen Ernährung achten, was ist von besonderer Bedeutung, was ist bei Kindern vielleicht anders als bei Erwachsenen?
Mit diesem Praxisbuch wollen wir Ihnen gebündeltes Wissen und vor allem passende Rezepte an die Hand geben, mit deren Hilfe Sie die ebenso entspannte wie praktische Methode der Beikost nach Bedarf auch auf dem rein pflanzlichen Weg durchführen können.
Sollten Sie sich erst an einem Punkt befinden, an dem Sie grundsätzlich darüber nachdenken, ob diese Vorgehensweise der selbstbestimmten Nahrungseinführung in Ihr Leben und zu Ihrem Kind passt, empfehlen wir nach wie vor, sich erst einmal umfassend zu informieren, zum Beispiel im Theoriewerk *Einmal breifrei, bitte!*, ebenfalls in diesem Verlag erschienen.

Natürlich liefern wir Ihnen auf den folgenden Seiten in der Kurzfassung auch noch einmal die wichtigsten Fakten, jedoch ist es in dieser Angelegenheit wirklich wichtig und notwendig, sich zunächst einen gründlichen theoretischen Überblick zu verschaffen. Zum einen für Ihr Baby und dessen Sicherheit und Gesundheit, zum anderen für Sie, um sich eine innere Souveränität

und Gelassenheit anzueignen, die Sie in diesem Selbstesser-Abenteuer gut gebrauchen können.

Tun Sie sich also bitte selbst den Gefallen und überspringen Sie diesen Schritt der theoretischen Vorbereitung nicht, darum möchten wir Sie hiermit in aller Deutlichkeit bitten.

Sollten Sie schon im Besitz unseres ersten Breifrei!-Kochbuches sein, werden Sie möglicherweise an der einen oder anderen Stelle des Informationsteils das Gefühl haben, dass wir uns wiederholen.

Das müssen wir! Um diejenigen Eltern ins Boot zu holen, für die omnivore Ernährung keine Option ist und die deshalb erst mit diesem Buch ins »Praxisgeschäft« einsteigen werden.

Sehen Sie uns also bitte gefühlte Wiederholungen nach. Das Thema liegt uns sehr am Herzen, und wir möchten Sie bestmöglich vorbereiten.

Sehr glücklich macht uns, dass sich diesmal Björn Moschinski, Experte für gesunde und vor allem auch nachhaltige pflanzliche Ernährung, bereit erklärte, für uns an den Töpfen zu zaubern. Der Koch, Unternehmer und Autor erfolgreicher Bücher wie *Vegan kochen für alle* steht für eine vegane Lebensweise ohne Verzicht und zeigt mit einfachen Mitteln, wie diese mit Hochgenuss funktionieren kann – insbesondere auch für die kleinsten Esser.

Wenn diese dann noch genau die gleiche Nahrung verspeisen dürfen wie ihre Bezugspersonen, wenn sie erleben, wie viel Freude eine gemeinsame Mahlzeit bereitet, und wenn sie sich auch noch direkt von den Großen abschauen können, wie das genau funktioniert mit der eigenständigen Nahrungsaufnahme – dann steht dem pflanzlichen Breifrei-Spaß nichts mehr im Weg.

Wir wünschen Ihnen guten Appetit!
Anja Constance Gaca
und Loretta Stern

Veggie für Babys? Na klar!

Ein veganes Kochbuch für selbstständig essende Babys? Als die Anfrage von Anja und Loretta kam, war mein Interesse sofort geweckt.

Eine solche Herausforderung wollte ich gerne annehmen. Da ich noch keine eigenen Kinder habe, musste ich mich erst einmal komplett in dieses für mich neue Thema einarbeiten: Was ist für diese junge Zielgruppe tabu? Welche Rohstoffe sollte ich sparsam einsetzen, auf welche gänzlich verzichten? Welches Gemüse und welche Farben kommen wohl gut an, und wie müssen Konsistenz und Schnittgrößen beschaffen sein, um das Kindeswohl nicht zu gefährden? Natürlich war mir nicht aus dem Stand bewusst, dass zum Beispiel grob gehackte Kräuter am Babygaumen festkleben und so zu Problemen führen können. Dank der tollen Beratung von Loretta und Anja habe ich diese Hürden erfolgreich genommen und präsentiere Ihnen nun mit Stolz mein erstes breifreies Veggie-Kochbuch.

Als Schirmherr über den Ernährungsfonds des Deutschen Kinderhilfswerks hatte ich bereits mehrfach das Vergnügen, mit Kindern und Jugendlichen zu kochen. Es macht immer riesigen Spaß, die Kids zu motivieren und ihnen gesundes Essen nahezubringen.

Leider fällt mir aber immer wieder auf, dass scheinbar vielen Kindern der Zugang zu frischen Rohstoffen fehlt – oft kann eine Zucchini nicht von einer Gurke unterschieden werden.

Das finde ich erschreckend, denn wie heißt es so schön? »In frühester Kindheit werden die Weichen gestellt.« Eine gesunde und frische Ernährung wirkt sich positiv auf unser Wohlbefinden sowie unsere Fitness, Gesundheit und Leistungsfähigkeit aus. »Vorbeugen ist besser als heilen!«, fällt mir dazu auch noch ein. Mit den zahlreichen Anregungen und Informationen in diesem Buch hoffe ich also, dazu beitragen zu können, für Ihren Nachwuchs die Weichen zu stellen in Richtung einer ausgewogenen, abwechslungsreichen und rein pflanzlichen Bei- und dann später auch Komplettkost!

Herzlich
Björn Moschinski

Breifrei – ein Wort vorweg

Die Idee, dass das Kind von Anfang an allein bestimmt, was es probiert und isst, wurde praktisch schon in der Steinzeit »erfunden«: Unsere Vorfahren hatten ja gar keine andere Wahl, als ihren Kindern das zu offerieren, was gerade auf dem familiären Höhlentisch lag.

Das Konzept ist dementsprechend simpel: Der Säugling selbst entscheidet, was und wie viel er an anderer angebotener Kost außer Muttermilch zu sich nimmt, und gibt somit auch das Tempo der Entwöhnungsphase von der reinen Milchernährung vor. Die Empfehlungen der Weltgesundheitsorganisation (WHO), die eine sechsmonatige ausschließliche Stillzeit vorsehen[1], wurden 2009 mit Einführung der neuen Leitlinien zur Allergieprävention[2] erneut auf den Kopf gestellt. Um bei familiär gegebenem Risiko potenzielle Allergien zu vermeiden, muss mit der Beikosteinführung – wie vorher postuliert – nicht zwingend gewartet werden, bis das Kind sechs Monate alt ist. Übersetzt bedeutet das: Es ist nicht schlimm, wenn das Kind ab Beginn des fünften Lebensmonats mal an einem Brötchen lutscht oder den Eltern bereits die Kartoffel vom Teller klaut. Keineswegs heißt es aber im Umkehrschluss, dass nun alle Kinder mit spätestens vier vollendeten Lebensmonaten beigefüttert werden müssen! Denn eines bleibt über die vielen Jahrtausende unserer Menschheitsgeschichte gleich: Der Großteil der Kinder erlangt ungefähr erst mit einem halben Jahr die Beikostreife. Das heißt, der Verdauungstrakt, notwendige motorische Fähigkeiten und bestimmte Reflexe sind erst dann so weit entwickelt bzw. verschwunden, dass Babys für das Abenteuer, das »Essen der Großen« kennenzulernen, gut gerüstet sind. Manche etwas früher, manche etwas später – aber irgendwann interessieren sich alle Kinder für mehr als Milch.

Und dann? Ein Löffelchen Brei für die Mama? Von verschiedensten Seiten werden Eltern viel zu früh mit Breiplänen konfrontiert, die suggerieren, dass das Baby ab Zeitpunkt XY brav den Mund öffnet und begeistert losessen muss. Mengenmäßig wird dies dann bitte Löffelchen für

Löffelchen gesteigert, und schwupp sind 190 Gramm DIN-Norm-Brei im Kind verschwunden – ganz stressfrei und entspannt für alle Beteiligten. Gut, in ganz seltenen Fällen funktioniert das vielleicht so, aber der eindeutig größere Teil der Kinder hält sich nicht an am Reißbrett ausgeklügelte Beikoststrategien. Manche Babys lehnen pürierte Babykost sogar ganz ab. Dafür bedienen sie sich gerne am Familientisch. Statt der Belöffelung nehmen sie ihr Essen selbst in die Hand, ganz nach Bedarf.

Muttermilch oder Formulanahrung?

Wir werden hier nicht nur aus Gründen der Lesbarkeit immer vom Stillen sprechen. Muttermilch ist die für Menschenkinder von der Natur vorgesehene, optimale Milchnahrung, und ein Großteil der Mütter stillt ihr Kind noch, wenn die erste Beikost angeboten wird. Es hat viele Vorteile, die Beikosteinführung unter »dem Schutz des Stillens«[3] anzugehen, sei es in Bezug auf die Allergieprophylaxe oder auch die Stärkung der Abwehr durch die reichlich in der Muttermilch enthaltenen Immunstoffe.
Die WHO empfiehlt nach den sechs Monaten ein Weiterstillen bis zum zweiten Geburtstag oder auch darüber hinaus, wenn Mutter und Kind das wünschen. Aber weder die WHO noch wir als Buchautorinnen können Ihre Stilldauer festlegen – allein Sie und Ihr Kind entscheiden, wie lange Sie stillen möchten. Hilfreich zu wissen: Sie haben bis zum Ende Ihrer persönlichen Stillzeit Anspruch auf Hebammenhilfe, bei Stillproblemen, Beikostfragen oder auch bei Fragen zum Abstillen. Die gesetzlichen Krankenkassen übernehmen hier die Kosten für bis zu acht Beratungen.

Was wir jedoch unterstreichen möchten: Der breifreie Beikostweg ist auch genauso gut machbar, wenn Sie Ihr Baby nicht (mehr) stillen möchten oder können. Auch hier bleibt die Säuglingsanfangsnahrung, Pre-Nahrung genannt, erst einmal Hauptnahrungsmittel und wird weiterhin nach Bedarf gegeben. Auch hier bestimmt Ihr Baby, wann es die Milchmahlzeiten zunehmend durch andere Kost ersetzt. Genau wie die Muttermilch sich in ihrer Nährstoffzusammensetzung nicht verändert – außer in den ersten Tagen nach der Geburt – oder gar verschlechtert, ist es definitiv nicht notwendig, von der sogenannten Anfangsnahrung auf Folgenahrung umzusteigen[4] (siehe dazu auch »Was kommt auf den Teller?«, Seite 28).
Eines noch zum Stillen: Breifreie Beikost ist alles andere als eine schnelle Abstillmethode, denn Ihr Baby wird und darf das Tempo bestimmen, in dem es zunehmend mehr feste Kost anstelle von Muttermilch zu sich nimmt. Wenn es also Ihr persönlicher Wunsch ist, das Baby vor der Nahrungseinführung abzustillen, müssen sämtliche bisherigen Stillmahlzeiten durch

Fläschchen mit Pre-Milch ersetzt werden. Lassen Sie sich dazu von Ihrer Hebamme beraten, da gerade ein eher schnelles Abstillen eine große Umstellung bedeutet – sowohl für Ihr Baby als auch für Sie. Keine Mutter muss sich mit der Geburt festlegen, wie lange sie stillen möchte, sondern darf das von Woche zu Woche gemeinsam mit ihrem Kind neu entscheiden. Genießen Sie die gemeinsame Stillzeit, wie lang diese auch immer sein mag.

Vorteile breifreier Beikost

Wie wir eingangs erwähnten, ist dies ein praxisorientiertes Kochbuch. Wir gehen davon aus, dass Sie sich, bevor Sie sich für diese Vorgehensweise entschieden, entsprechend profund informiert haben. Hier noch einmal kurz die relevantesten Vorteile zusammengefasst:

Ihr Kind
- ★ bestimmt selbst, was, wie viel und wie schnell es isst,
- ★ kann Hunger und Sättigung früh begreifen, empfinden und steuern,
- ★ lernt früh, Geschmäcker zu differenzieren,
- ★ trainiert Feinmotorik, Sensorik und Mundmuskulatur,
- ★ isst gleichzeitig mit Ihnen – echte gemeinsame Mahlzeiten sind von Anfang an möglich,
- ★ kann auch unterwegs im Café, im Restaurant oder bei Freunden unkompliziert versorgt werden,
- ★ muss nicht extra bekocht und gefüttert werden,
- ★ kann eigenständig handeln, genau wie die Großen am Tisch – sein Selbstvertrauen wird gestärkt.

Sie
- ★ müssen sich nicht nach Fahrplänen richten, empfinden keinen Druck,
- ★ müssen für unterwegs keine Extra-Ausrüstung, keine Gläschen, Pulver, Löffel o. Ä. einpacken,
- ★ sparen Zeit beim Zubereiten – eine Mahlzeit für alle,
- ★ brauchen kein Geld für vergleichsweise teure Babygläschen ausgeben,
- ★ haben die Hände selbst zum Essen frei.

… Klingt gut, oder?

Volle Pflanzenkraft voraus!

Björn – warum ich mich vegan ernähre

Heutzutage gibt es so viele verschiedene Ernährungskonzepte, dass es einem durchaus schwerfallen kann, das passende für das eigene Leben zu finden. Als ich mich aber vor über 20 Jahren für eines entschied, das sich positiv auf die Um-, Tier- und Mitwelt sowie die Gesundheit auswirkt und darüber hinaus schmeckt und Spaß macht, begegnete ich noch sehr viel Unverständnis für diesen Entschluss, »anders« zu sein – manchmal kam ich mir regelrecht wie ein Außerirdischer vor! Ich musste mir anhören, dass meine vegane Ernährungs- und Lebensweise extrem, radikal, gefährlich, ungesund und sinnlos sei.

Erst sehr vereinzelt begannen damals Mediziner, hinsichtlich der positiven Auswirkungen einer rein pflanzlichen Ernährung auf unseren Organismus zu forschen, und noch sehr viel vereinzelter erkannten meine Mitmenschen damals die negativen Auswirkungen der Massentierhaltung. Empathie »Nutztieren« gegenüber gab es so gut wie keine; schon das Wort impliziert ja, dass sie nur gezüchtet werden, um zu dienen und als Nahrung verwertet zu werden. Schon als kleines Kind war ich sehr tierlieb. Heute muss ich oft schmunzeln, wenn der eine oder andere Fleischesser mir sagt, er sei »auch schon immer ein Tierfreund«. Interessanterweise sind damit jedoch meist nur die Haustiere gemeint, nicht die Nutztiere. Doch welchen Unterschied gibt es zwischen dem Hasen, der gezüchtet wurde, um mit ihm zu kuscheln, und jenem, der von Anfang an als Nahrung vorgesehen war? Zwischen einem Hund und einem Schwein? Bis auf das Aussehen erkenne ich keinen Unterschied und behandle daher alle Tiere mit dem Respekt, den sie verdienen.

Nie habe ich den Entschluss, mich pflanzlich zu ernähren, bereut und nie habe ich durch ihn gesundheitliche Nachteile erfahren. Auch habe ich festgestellt, dass ich kein Fleisch brauche, um glücklich und gesund zu sein. Geschmacklich gibt es wirklich zahlreiche Alternativen, die mein Verlangen nach deftigem Essen, das ich früher immer mit Fleisch gleichgesetzt habe, vollkommen befriedigen.

Bereits 2010 bereitete ich ein veganes Gulasch in der Mensa einer Universität zu, das von fast 90 Prozent der Esser als klassisches Gulasch empfunden wurde und keine geschmacklichen Wünsche offenließ. Seitdem sehe ich es als Herausforderung, das herzhafte, deftige Element (»umami«) in meiner pflanzlichen Küche immer weiter zu optimieren und auszubauen.

Wie ich bereits in meinem Vorwort erwähnt habe, koche ich oft mit Kindern und verspüre bei ihnen dabei häufig eine gewisse Abneigung gegenüber rein pflanzlichen Gerichten. Vielen Kindern, aber auch schon deren Eltern, fehlt der Zugang zu frischen Zutaten und somit auch das Wissen über deren Herkunft, entsprechende Geschmäcker und Zubereitungen. Dabei ist es elementar wichtig, so etwas im jungen Alter zu erfahren und zu begreifen.

Ich bin sehr dankbar, in einem Umfeld aufgewachsen zu sein, in dem wir selbst Gemüse und Obst anbauten und daher immer regionale und saisonale Zutaten frisch verarbeiteten und aßen. Auch durfte ich die Geselligkeit eines gemeinsamen Abendessens kennen- und schätzen lernen. So etwas verliert leider in unserer heutigen Zeit in vielen Familien an Relevanz. Oft höre ich von Menschen, dass sie gar keine Zeit hätten, frisch zu kochen oder gar gemeinsam zu essen, da die Tagesabläufe so unterschiedlich seien. Prioritäten und Gewohnheiten kann man aber durchaus verändern und an den eigenen Alltag anpassen – ein Tag hat noch immer 24 Stunden, daran hat sich im Vergleich zu früher nichts geändert!

Damit das Zubereiten einer Mahlzeit in den Alltag integrierbar ist, achte ich bei meinen Rezepten immer darauf, dass sie einfach zu realisieren sind und man möglichst alle Zutaten im Supermarkt – vorzugsweise im Biomarkt – seines Vertrauens findet. So steht einem schwungvollen Kochspaß und einem gesunden, umweltbewussten gemeinsamen Schlemmen nichts im Wege!

Pflanzlich basierte Kost – was man wissen muss

Eine vegetarische, aber auch vegane Ernährung ist für alle Lebensphasen einschließlich Schwangerschaft und Stillzeit, Beikostzeit und Kindheit möglich – wenn sie denn sorgfältig geplant ist. Da die eben aufgeführten, besonderen Lebensabschnitte alle mit einem erhöhten Nährstoffbedarf einhergehen, ist es ratsam, sich entsprechend zu informieren, wie dieser gesichert werden kann.

Gemüse, Obst, Getreide und viele andere pflanzliche Lebensmittel wie Nüsse oder Samen (allerdings unbedingt in Musform für Babys, s. Seite 31) bieten eine gesunde und vor allem breite Vielfalt, mit der fast alle benötigten Nährstoffe gut abgedeckt werden können.

Eine ausgewogene pflanzliche Ernährung hat viele positive Auswirkungen auf den Organismus, alleine schon durch die Nicht-Einnahme gesundheitsschädlicher Stoffe wie Schwermetallrückstände in Fisch oder Antibiotikaspuren und Cholesterin in Fleisch und Eiern. Aber ebendiese Ausgewogenheit will mit Bedacht hergestellt sein: Wie bei jeder Ernährungsform ist es auch hier wichtig zu wissen, welche Lebensmittel in welchen Kombinationen den Körper ausreichend mit allen notwendigen Nährstoffen versorgen.

Ein schlichter und nicht weiter durchdachter Verzicht auf Lebensmittel tierischen Ursprungs kann für Kinder in der starken Wachstumsphase zu erheblichen Problemen führen. Von großer Wichtigkeit ist es daher, die kritischen Nährstoffe wie Eisen, Jod, Kalzium, Zink, Vitamin B2 und vor allem Vitamin B12, das unbedingt supplementiert werden sollte, gut im Blick zu behalten (s. Seite 31 ff.).

Eine Ernährungsberatung speziell für vegan lebende Familien kann hier sinnvoll sein, auch wenn diese Eltern meist bereits über ein überdurchschnittlich hohes Ernährungswissen verfügen. Wer allerdings gerade erst anfängt, sich gedanklich mit einem rein pflanzlichen Nahrungskonzept auseinanderzusetzen, sollte sich unbedingt von Experten beraten lassen, wobei zum Beispiel Ärzte und Hebammen nicht generell für diese Aufgabe ausgebildet sind. Ernährungsberater sind oft die besseren Ansprechpartner. Mittlerweile wächst auch das Angebot an Beratern, die speziell zur vegetarischen und veganen Ernährung umfassend Auskunft erteilen können. Eine Liste mit entsprechend fortgebildeten Ernährungsfachkräften gibt es beim Verband für Unabhängige Gesundheitsberatung (UGB e.V., www.ugb.de). Regelmäßige Kontrollen beim Kinderarzt sorgen dafür, dass Gedeihen und Entwicklung des Kindes überwacht werden. Diese Vorsorgen sind allerdings für alle Kinder wichtig, unabhängig von der jeweiligen Ernährungsweise in der Familie.

Entscheidend ist also letztlich, wie ausgewogen die tägliche Kost konzipiert ist, die auf den Familientisch kommt. Wohlgemerkt:

Eine Mangelernährung kommt genauso häufig in den besten omnivoren Kreisen vor! Oft sind es gerade diejenigen, die ihren Kindern über Monate erlauben, sich mehr oder minder monothematisch mit trockenen Nudeln oder gar Schokomüsli zu ernähren (»Ich bin ja so froh, dass er wenigstens *das* isst, er hat gerade so eine schwierige Phase …«), die dann beim Thema rein pflanzliche Ernährung sorgenvoll Bedenken äußern. Eltern sollten sich generell der Verantwortung bewusst sein, die sie in Bezug auf die Ernährung ihres Kindes haben, ob diese nun tierischen oder pflanzlichen Ursprungs ist. Und genauso sorgfältig auf die eigene Gesundheit achten – gesunde, vollwertige und ausgewogene Mahlzeiten sind nämlich auch für das elterliche Wohlbefinden ein Gewinn.

Unser Buch widmet sich vor allem der praktischen Umsetzung der breifreien Veggie-Beikost. Weiterführende Informationen zu allen theoretischen Fragen finden Sie zum Beispiel im Netz (s. Kasten Seite 19), aber auch in dem überaus empfehlenswerten Buch *Vegane Ernährung. Schwangerschaft, Stillzeit und Beikost: Mutter und Kind gut versorgt* (Ulmer Verlag). Der Ernährungswissenschaftler Dr. Markus Keller hat dieses Standardwerk gemeinsam mit der Ökotrophologin Edith Gätjen im Frühjahr 2017 veröffentlicht. Zu finden ist darin ein umfangreiches theoretisches, aber sehr gut in der Praxis umzusetzendes Wissen zu allen Fragen, die sich bezüglich der veganen Ernährung in der Schwangerschaft sowie in der Still- und Beikostzeit stellen. Wir freuen uns sehr, dass wir Dr. Markus Keller dafür gewinnen konnten, uns für dieses Buch häufig gestellte Fragen in Bezug auf eine pflanzliche Ernährung im Beikostalter zu beantworten.

Babys vegan ernähren – darf man das? Wir haben den Experten gefragt!

Warum spricht sich die Deutsche Gesellschaft für Ernährung (DGE) immer noch gegen eine pflanzliche Ernährung in der Schwangerschaft und Stillzeit sowie in der Säuglings- und Kleinkindzeit aus, während Fachgesellschaften anderer Länder, etwa die Academy of Nutrition and Dietetics in den USA oder die British Dietetic Association in Großbritannien, schon länger sagen, dass sich eine gut geplante vegetarische, aber auch vegane Ernährung für alle Lebensphasen eignet?

Dr. Markus Keller: In ihrem 2016 veröffentlichten Positionspapier zur veganen Ernährung spricht sich die DGE nicht mehr explizit gegen eine vegane Ernährung in den genannten kritischen Lebensphasen aus, sondern sie sagt im Wortlaut, dass »für Schwangere, Stillende, Säuglinge, Kinder und Jugendliche eine vegane Ernährung von der DGE nicht empfohlen« wird. Als Begründung wird angeführt, dass sich bei einem Verzicht auf jegliche tierische Lebensmittel das Risiko für Nährstoffdefizite und damit das Risiko für Gesundheitsstörungen erhöhe. Die DGE führt jedoch weiter aus, dass wer sich dennoch vegan ernähren möchte, auf bestimmte Dinge achten soll: Vitamin-B12-Supplementierung, gesicherte Zufuhr der kritischen Nährstoffe, gegebenenfalls ärztliche Überprüfung der Nährstoffversorgung und Inanspruchnahme einer qualifizierten Ernährungsberatung. Im Grundsatz unterscheidet sich die Position der DGE damit gar nicht so sehr von denen anderer Fachgesellschaften. Sie äußert sich aber deutlich zurückhaltender und interpretiert die vorliegende (dürftige) Studienlage vorsichtiger. Darin liegt sicher ein Hauptproblem: Es gibt bisher einfach viel zu wenige wissenschaftliche Untersuchungen mit veganen Schwangeren, Stillenden und Kindern. Mit unseren Studien wie der VeChi-Studie (Vegetarian and Vegan Children Study) wollen wir dazu beitragen, diese Forschungslücken nach und nach zu schließen.

Worauf müssen stillende Mütter achten, die sich vegan ernähren?

Wie bei nicht veganen Stillenden erhöht sich der Bedarf an Energie und vielen Nährstoffen. Die empfohlene zusätzliche Energiezufuhr beträgt bei ausschließlichem Stillen 500 Kilokalorien pro Tag. Auch bei Protein, den Vitaminen A (bzw. Beta-Carotin), B2, B6, B12 und Folat sowie den Mineralstoffen Magnesium, Eisen, Jod und Zink gibt es Zuschläge während der Stillzeit. Stillende Veganerinnen sollten sich daher, wie alle Stillenden, an den D-A-CH-Referenzwerten orientieren und besonders auf die »vegan-kritischen« Nährstoffe Vitamin B2 und B12 sowie Eisen, Jod und Zink achten. Vitamin B12 muss zuverlässig supplementiert werden, am besten über ein Nahrungsergänzungsmittel mit 10 bis 50 Mikrogramm Vitamin B12 pro Tag. Unabhängig von der Ernährungsweise wird Stillenden in Deutschland empfohlen, täglich 100 bis 150 Mikrogramm Jod über Jodtabletten zuzuführen. Um die Versorgung des Kindes mit der langkettigen Omega-3-Fettsäure DHA (Docosahexaensäure) sicherzustellen, empfehlen die D-A-CH-Referenzwerte eine DHA-Zufuhr von 200 Milligramm pro Tag. Für Veganerinnen bietet sich hier ein mit DHA angereichertes Leinöl an. Eine zusätzliche Überprüfung der kritischen Nährstoffe anhand der Blutwerte ist sehr sinnvoll.

Wenn nicht oder nicht ausschließlich gestillt werden kann, sollen Säuglinge mit Pre-Nahrung gefüttert werden. Diese gibt es auch auf Basis von Sojaproteinen, etwa für Kinder, die kein Kuhmilcheiweiß und keinen Milchzucker vertragen. Sind diese als Spezialnahrungen gekennzeichneten Produkte Ihrer Auffassung nach auch eine Option für vegan lebende Familien, oder sollte hier trotzdem besser auf herkömmliche Pre-Nahrung zurückgegriffen werden?

Nach unserer Einschätzung ist Stillen bei

veganer Säuglingsernährung alternativlos. Die auf dem Markt erhältliche Säuglingsmilchnahrung auf Sojabasis ist kein wirklicher Ersatz für Muttermilch, vor allem aufgrund der nicht optimalen Zusammensetzung der Inhaltsstoffe. Das Bundesinstitut für Risikobewertung rät wegen des hohen Gehalts an Phytoöstrogenen und des im Vergleich zu Säuglingsmilchnahrung auf Kuhmilchbasis höheren Gehalts an Aluminium, diese sojabasierte Säuglingsnahrung nur in begründeten Ausnahmefällen (etwa bei bestimmten Stoffwechselerkrankungen) und nach ärztlicher Verordnung zu verwenden.

Für alle Säuglinge wird derzeit die Supplementierung von Vitamin D empfohlen. Sollten Babys von vegan lebenden Müttern in der Still-, aber auch in der Beikostzeit, weitere Nährstoffe als Supplement bekommen? Wie sieht es mit der Vitamin-B12-Versorgung aus? In welcher Form lassen sich Supplementierungen am einfachsten zuführen?
Wir empfehlen, aus Sicherheitsgründen auch voll gestillten Säuglingen veganer Mütter Vitamin B12 zu geben. Am einfachsten geht das über Nahrungsergänzungsmittel, die in Tropfenform verabreicht werden. Auch während der Beikostzeit und danach kann diese Form der Vitamin-B12-Supplementierung beibehalten werden. Wie in den D-A-CH-Referenzwerten empfohlen, sollten alle Säuglinge bis zum ersten Geburtstag täglich 10 Mikrogramm Vitamin D als Supplement erhalten. Danach gilt für alle Altersgruppen eine tägliche Supplementierung von 20 Mikrogramm Vitamin D, wenn keine ausreichende Eigensynthese über das Sonnenlicht erfolgt – also mindestens in den Monaten Oktober bis März. Empfehlenswert bei veganer Säuglings- und Kleinkindernährung ist auch die Gabe von DHA über angereichertes Leinöl. Falls die Eisenwerte (Ferritin, Hämoglobin) des Kindes zu niedrig sein sollten, kann ergänzend ein mit Eisen angereicherter Fruchtsaft gegeben werden.

Welches sind die kritischen Nährstoffe, wenn Babys eine rein pflanzliche Beikost erhalten? Welche Lebensmittel gehören deshalb auf jeden Fall regelmäßig auf Babys Speiseplan?
Wie auch bei erwachsenen Veganern zählen Vitamin B12, Kalzium, Eisen, Jod, Zink, Vitamin B2 und DHA zu den kritischen Nährstoffen. Auch eine ausreichende Proteinzufuhr ist von elementarer Bedeutung, denn das Kind baut ständig neue Körpermasse auf. Da der Magen des Babys nur ein sehr begrenztes Aufnahmevermögen hat, kommt es besonders auf eine Auswahl von Lebensmitteln mit einer hohen Energiedichte an, die reich an Mikronährstoffen sind. Die »Basics« sind Gemüse, Obst, Kartoffeln, Vollkorngetreide und Hülsenfrüchte sowie DHA-angereichertes Öl.

Muss man bestimmte Lebensmittel vermehrt und häufiger anbieten, um bei der Nährstoffversorgung alles »richtig« zu machen?
Eine Kombination von Getreide, Kartoffeln

und Hülsenfrüchten wertet die Proteinqualität der veganen Beikost auf. Für die Verbesserung der Kalziumversorgung sollte ein kalziumreiches Mineralwasser (mindestens 400 Milligramm Kalzium pro Liter) für die Zubereitung der Beikost verwendet werden. Eisen ist reichlich in Hafer, Hirse, Roggen und Linsen, Zink in Hafer, Amaranth, Mandeln und Cashewkernen enthalten. Jod kann wohldosiert über Noriflocken zugeführt werden. Gemüse und Obst, möglichst der Saison, liefern weitere Vitamine und Mineralstoffe.

Ist es sinnvoll, neben den regulären Vorsorgeuntersuchungen, die das Gedeihen und die Entwicklung des Kindes im Blick haben, auch bestimmte Blutuntersuchungen durchführen zu lassen?
Die üblichen Vorsorgeuntersuchungen zeigen, ob sich das Kind altersgemäß entwickelt. Um auf Nummer sicher zu gehen, kann die Versorgung mit den kritischen Nährstoffen anhand von Blutuntersuchungen überprüft werden. Da die Blutentnahme für die Kinder (und auch viele Eltern) meist sehr unangenehm ist, sollten dann gleich möglichst viele Parameter bestimmt werden. Hierzu zählen vor allem Vitamin B12 (Holo-Transcobalamin, MMA), Eisen (Ferritin), Zink (im Vollblut), Vitamin B2 (EGRAC) und Vitamin D (25-OH-D3).

Welche Auswirkungen hat es auf den Organismus, den Stoffwechsel und die Darmflora meines Kindes, wenn es bei Freunden, in der Kita oder auch später in der Schule punktuell Produkte tierischen Ursprungs zu sich nimmt?
Aus physiologischer Sicht haben diese Ausnahmen üblicherweise keine nennenswerten Auswirkungen, sofern keine Unverträglichkeiten, etwa gegen Laktose oder Kuhmilchprotein, vorliegen. Das ist eher eine soziale, pädagogische bzw. ethische Frage, mit der vor allem die Eltern umgehen müssen.

Links zur veganen Ernährung
www.vebu.de – Vegetarierbund Deutschland e. V.
www.ugb.de – Verband für Unabhängige Gesundheitsberatung e. V.
www.deutschlandistvegan.de – Online-Magazin zur veganen Lebensweise
www.nikorittenau.de – Integrative Ernährungsprävention
www.vegane-familien.de – Beratung zu veganer Familienernährung
www.vamily.de – Vegane Familienernährung
www.tofufamily.de – Online-Portal zum veganen Familienleben

Buchtipp:
Keller, M.; Gätjen, E.: *Vegane Ernährung. Schwangerschaft, Stillzeit und Beikost: Mutter und Kind gut versorgt*, Stuttgart, Ulmer Verlag 2017

Breifrei-Fakten, praktisch gebündelt

Vorweg: Erwarten Sie keinesfalls, dass Ihr Kind von Anfang an isst. Erwarten Sie am besten gar nichts, außer einer interessanten ersten Erfahrung. Vielleicht wird diese auch nur sein, dass Ihr Kind sorgfältig und mehrfach hintereinander alles, was Sie ihm liebevoll zubereiten und anbieten, auf den Boden wirft oder großflächig auf seiner Kleidung verteilt. Es wird lediglich *beginnen*, sich mit der angebotenen Materie zu beschäftigen, aber das eben auf seine eigene Weise und vor allem in seinem eigenen Tempo. Das nämlich bedeutet Beikost nach Bedarf: dass Ihr Kind in Ruhe seinen Bedürfnissen nachgeht.

Wenn Sie also Lust und Muße haben, für sich und Ihr Kind, für sich und Ihre Familie zu kochen, wunderbar: Dann treffen Sie die Entscheidung, Ihrem Kind einfach etwas davon anzubieten. Ob es dann aber etwas davon zum Mund führt oder gar verspeist, wird sich zeigen, *das* entscheidet es dann selbst.

Starten Sie das Unternehmen deshalb auf keinen Fall mit dem Ziel, exakt den Geschmack Ihres Babys zu treffen, dann können Sie auch nicht enttäuscht sein, wenn es nichts isst. Das heißt weder, dass ihm die angebotenen Speisen grundsätzlich nicht zusagen, noch, dass es ihm keinen Spaß macht, damit zu »arbeiten«. Das exakt gleiche Essen, am Tag darauf angeboten, kann auf eine völlig andere Laune, Aufgeschlossenheit und Verarbeitungsmethode treffen!

Bitte unbedingt beachten!

★ Ihr Baby muss zum Essen immer aufrecht sitzen. Außerdem darf es zu keiner Zeit mit dem Essen alleingelassen werden.

★ Lassen Sie es wirklich selbst essen, füttern Sie es nicht mit der angebotenen Nahrung. Es muss diese selbst erfassen, befühlen und sich in den Mund stecken, damit es einen sicheren Umgang damit und überdies ein Gefühl für Mengen und Größe der jeweiligen Stücke bekommt. Wenn Sie Ihrem Kind das Essen in den Mund stecken würden, könnte

---

Kühlschrank-Memo:
Falls Sie so etwas bisher noch nicht besitzen, sollten Sie sich spätestens jetzt wiederverschließbare Aufbewahrungsbehälter anschaffen, um Ungegessenes im Kühlschrank zu verstauen.

überdies der Würgereflex ausgelöst werden.
- ★ Sorgen Sie bitte auch dafür, dass eventuell übereifrige Geschwister-»Helfer« dem Baby keine Nahrung in den Mund stecken.
- ★ Damit weiterhin eine gute Nährstoffversorgung gewährleistet ist, stillen Sie Ihr Baby weiter nach Bedarf bzw. geben Sie ihm die Pre-Nahrung aus der Flasche. Reduzieren Sie die Still- oder Flaschenmahlzeiten nicht von sich aus. Überlassen Sie auch hier ganz entspannt Ihrem Baby das Tempo.

Wann ist Ihr Kind bereit für Beikost?

- ★ Es kann mit nur wenig Unterstützung im unteren Rücken selbstständig sitzen, außerdem natürlich den Kopf alleine halten und Essen selbst greifen, festhalten und gezielt in den Mund führen.
- ★ Es ist am Essen der Großen interessiert und zeigt Kaubereitschaft.
- ★ Es kann sich vom Rücken auf den Bauch drehen. Dann kann es mit der Zunge im Mund auch seitliche Bewegungen vollführen, da diese Entwicklungen zeitgleich stattfinden.
- ★ Der Zungenstreckreflex, der davor bewahrt, ungeeignete Dinge in den Mund zu nehmen und zu verschlucken, ist nicht mehr vorhanden. Kinder auf vermeintlich niedlichen YouTube-Filmen, die bei Fütterversuchen mit der Zunge jeden Breilöffel wieder herausschieben, zeigen sehr deutlich, dass sie noch lange nicht für Beikost bereit sind!

Erst wenn all diese Voraussetzungen gegeben sind, ist der Magen-Darm-Trakt so weit ausgereift, dass er mit neuen Nahrungsbedingungen gut fertig wird. Dieser Zeitpunkt ist bei den meisten Kindern ungefähr mit sechs Monaten gekommen – manchmal etwas früher, manchmal etwas später.

Dass sich Babys jedes Spielzeug in den Mund stecken, hat übrigens nichts mit der Beikostreife zu tun. Während der sogenannten oralen Phase werden Mund und Lippen grundsätzlich als Hauptwerkzeug zum Untersuchen aller für das Kind interessanten Dinge benutzt. Hierfür gibt es eine ganz simple Erklärung: An keiner anderen

Stelle im Körper befinden sich so viele Nervenenden auf kleinstem Raum. Entsprechend wird das Erfühlen und Erforschen eines Gegenstandes hier intensiver und vielschichtiger wahrgenommen als etwa mit den Fingern. Diese Entwicklungsphase hat meist im fünften Lebensmonat ihren Höhepunkt und wird oft von Eltern, aber noch viel häufiger vom »es ja nur gut meinenden« beratenden Umfeld als Interesse an Nahrung oder, schlimmer noch, als Hunger gewertet. Wer hier verunsichert ist, lässt sich zu diesem Zeitpunkt noch einmal von der Hebamme oder einer Stillberaterin beraten.

Wichtig: eine baby- und elternfreundliche Essumgebung

Die beste Sitzmöglichkeit für die allerersten Essabenteuer? Ist ganz klar der elterliche Schoß. In Hochstühle sollten Babys erst gesetzt werden, wenn sie komplett selbst imstande sind, sich in eine sitzende Position zu bewegen und dort aufrechtzuhalten. Dies allerdings ist ihnen in der Regel erst möglich, wenn sie krabbeln können, was den meisten Kindern eben mit sechs Monaten noch nicht gelingt. Wir halten es dennoch für vertretbar, das Kind für einen kurzen, überschaubaren Zeitraum – also wirklich nur für die reine Essenszeit –, durch Kissen etwas unterstützt, in den Hochstuhl zu setzen. Das hat den Vorteil, dass es Mama und Papa ausgiebig beim Selberessen beobachten kann. Ein Baby, das in einer solchen Position völlig in sich zusammensackt, ist ohnehin noch nicht beikostbereit.

Ein Baby sollte niemals, *wirklich niemals!*, im Hochstuhl alleingelassen werden. Das gilt für die Nahrungsaufnahme generell. Eltern müssen die kleinen Essanfänger dauerhaft im Blick haben, auch wenn sie im Buggy »nur« am Brötchen lutschen!

Sinnvolle Breifrei-Ausrüstung
★ Leicht abwischbarer Hochstuhl, idealerweise mit umrandetem Tablett
★ Andernfalls rutschfestes Tischset oder Aufsatz
★ Eventuell Schale mit Saugnapf
★ Geeignetes Trinkgefäß, etwa unzerbrechlicher Becher, mit Doppelhenkel leichter greifbar; Schnabeltasse oder Flasche mit Sauger ist nicht notwendig

---

Kühlschrank-Memo:
Der von uns immer wieder angepriesene »Antilop«-Kinderstuhl von Ikea hat wirklich ein unschlagbares Preis-Leistungs-Verhältnis, und das sagen wir weiterhin ganz privat und ohne Kooperation. Für aktuell knapp 30 € inkl. Tablett erhält man einen zuverlässigen Begleiter für mindestens die ersten beiden Jahre.

* Lätzchen mit langen Ärmeln
* Auffangvorrichtung unter dem »Arbeitsplatz«: Duschvorhang, Wachstuch, alte Zeitungen
* Reichlich Küchenpapier, griffbereit
* Feuchter Waschlappen für Gesicht und Hände nach dem Essen

Die Angst vor dem Verschlucken

Der erste Gedanke, der vielen Eltern beim Thema selbstbestimmte Beikosteinführung kommt, ist die Sorge, dass das Kind zu große Stücke verschlucken und in Erstickungsgefahr geraten könnte. Allerdings liegt bei Säuglingen der Würgereflexpunkt noch sehr weit vorn auf der Zunge. Das heißt, die Stücke, mit denen sie nicht umgehen können, werden quasi automatisch mit der Zunge nach vorne befördert und ausgespuckt – oft mit (für die Eltern) leicht dramatisch klingenden Geräuschen. Gleich darauf steckt sich das Kind aber lächelnd das nächste Stück derselben Speise in den Mund. Dasselbe Phänomen ist auch zu beobachten, wenn sich Babys Spielzeug oder die eigene Hand zu weit in den Mund schieben.

Verschlucken ist übrigens genauso gut bei Breinahrung möglich, gerade weil der Löffel hier ja meist vom Fütternden über den Würgereflexpunkt hinaus in den Mund geschoben wird. Das Wichtigste ist in jedem Fall, den Selbesser nie alleinzulassen, damit Sie jederzeit unterstützend eingreifen können, falls der gute Husten- und Würgereflex eines gesunden Kindes mal nicht ausreichen sollte. Außerdem sollten Babys keine kleinen, runden Lebensmittel in unverarbeiteter Form (s. Seite 31) angeboten werden, damit nicht doch fälschlicherweise einmal etwas in die Luftröhre gerät und stecken bleibt.

Genauere Hinweise zu Erste-Hilfe-Maßnahmen finden Sie beispielsweise in *Einmal breifrei, bitte* (s. Seite 45–47) oder im grundsätzlich sehr empfehlenswerten Standardwerk von Janko v. Ribbeck.[5] Es lohnt sich auch, einen Erste-Hilfe-Kurs für Säuglinge zu besuchen: Danach fühlen Sie sich auf alle erdenklichen Lebenslagen besser vorbereitet!

Wohlfühltipps für alle Beteiligten

Entspannte Eltern, entspanntes Kind

Strategische Breipläne empfehlen meist, das Kind möglichst hungrig, also vor dem Stillen oder dem Fläschchen, zu füttern. Hier geht es aber eher um »Ersatz-Kost« anstatt Beikost. Ihr Baby sollte sich beim Selberesser-Start in einem entspannten, wachen, gesunden, neugierigen und vor allem nicht hungrigen Zustand befinden. Ein hungriges Baby weiß ja anfangs nicht, dass das unbekannte, bunte Zeug auf dem Teller auch satt machen kann.

Es geht erst einmal nur ums Kennenlernen

und Ausprobieren. Dafür lässt das Baby sich aber sicher nicht begeistern, wenn es die ganze letzte Nacht gezahnt hat und viel lieber dauerstillen möchte. Auch bringt es sicherlich keine Freude – weder für Sie noch für Ihr Kind –, wenn Sie das Abenteuer gestresst, weil unter Zeitdruck, und gar noch in der cremeweißen Spitzenbluse kurz vor einem wichtigen Termin beginnen. Offerieren Sie Speisen mit Matsch-Potenzial nur dann, wenn Ihre Nerven die darauf notwendige Säuberungsaktion noch mitmachen. Ansonsten entscheiden Sie sich für aufwandsärmere und trockenere Angebote.

Erst probieren, dann servieren!

Probieren Sie unbedingt immer erst selbst, ob die angebotenen Stücke nicht mehr zu heiß sind. Außerdem sollten sie mit der Zunge am Gaumen zerdrückbar sein. So zerkleinert Ihr Baby nämlich als Erstes die Nahrung im Mund. Als Nächstes lernt es dann, mit den Zahnleisten zu »kauen«.

Handarbeit

Das wichtigste Esswerkzeug hat Ihr Baby in den letzten Monaten schon fleißig trainiert – seine Hände. Sie können jedoch auch von Anfang an ein Kinderbesteck anbieten, denn erstens wollen kleine Kinder gerne die Großen imitieren, und zweitens wird bei uns kulturell bedingt meist mit Besteck gegessen. Aber hauptsächlich darf und soll Ihr Baby erst einmal seine Hände benutzen. Zum Fühlen, Drücken, Zerteilen, um das Ganze in den Mund zu führen und vielleicht auch wieder hinaus.

Brei dabei

Natürlich gilt mit der Entscheidung für diesen Beikostweg weder ein Brei- noch ein Fütterverbot. Manche Speisen haben einfach eine breiige Konsistenz, und auch diese Herausforderung wollen die Kinder bewältigen. Hier dürfen Sie auch unterstützen: Reichen Sie etwa einen Löffel mit langem Stiel und steuern Sie am Ende sanft mit, servieren Sie Suppen in einem Trinkgefäß und die eventuelle Einlage extra, bieten Sie weiches Brot zum Auftunken an … Und es spricht wohlgemerkt auch überhaupt nichts dagegen, hier mal die klassische Brei-Variante auszuprobieren. Vielleicht ist Ihr Baby der Typ Brei-Selbstlöffler?

Wasser marsch!

Das beste Getränk? Eindeutig Wasser! Leitungswasser ist in Deutschland eines der am strengsten kontrollierten Nahrungsmittel überhaupt, es sollte allerdings nicht aus Bleirohren kommen oder durch einen Wasserfilter gelaufen sein, und auch ungeprüftes Brunnenwasser ist keine babytaugliche Option. Lassen Sie beim Leitungswasser das Standwasser ablaufen, danach können Sie es unabgekocht reichen[6]. Natürlich können Sie auch Tee anbieten, aber bitte nur selbst aufgegossenen aus Kräutern, Früchte-Instant-Tees sind nämlich wahre Zuckerbomben. Klarer Vorteil des Wassers aber: Es ist überall erhältlich und schmeckt immer gleich! So entstehen keine Dramen, wenn der Tee in einer bestimmten Geschmacksrichtung mal vergessen wurde.

Auch verdünnte Saftschorlen enthalten nicht unerhebliche Mengen Zucker und haben trotzdem bei Weitem nicht den Vitamin-Mehrwert von richtigem Obst. Für unterwegs können Sie einen kleinen Becher und eine Schraubflasche mit Wasser einstecken. Die Kombination ist in der Handtasche wesentlich auslaufsicherer als die meisten Trinklerntassen und Sportflaschen.

Zähneputzen nicht vergessen

Egal, ob es isst oder nicht: Ab dem ersten Zähnchen ist Zahnpflege beim Baby angesagt. Erkundigen Sie sich hierzu bei Ihrer Hebamme oder Ihrem Zahnarzt.

Kühlschrank-Memo:
Falls Sie mal den Becher vergessen haben, eignet sich der Flaschendeckel für den Anfang auch hervorragend als Miniatur-Trinkgefäß!

Was kommt auf den Teller?

Karotte, Pastinake – was denn nun? Das, was den Eltern schmeckt und gesund ist, eignet sich meist auch gut als Beikost. Nahezu alles ist erlaubt. Ziel der ganzen Beikostgeschichte ist schließlich, dass Ihr Kind am Familientisch mitisst. Wenn Mama also keine Pastinake mag, muss diese auch nicht zwingend dem Kind serviert werden.

Gemüse

Die besten Sorten für Anfänger sehen Sie unten. »Unterwegs«, also wenn Ihr Kind schon manches ausprobieren durfte, können Sie dann natürlich auch weitere Sorten anbieten. Nicht geeignet, um sie unverarbeitet zu reichen, sind lediglich Blattgemüse wie Mangold oder Spinat – sie können aufgrund ihrer Form und Konsistenz am Gaumen kleben bleiben – sowie kleine Maiskörner und Erbsen (Aspirationsgefahr, s. Seite 31). Sobald der Pinzettengriff funktioniert, können Sie ausreichend weich gegarte und somit leicht zerdrückbare Erbsen anbieten. Auch gegarte Maiskolbenstücke zum Selbstabknabbern kommen oft gut an.

Zubereitung »Einsteiger-Sticks«

★ Gemüse waschen und gegebenenfalls schälen.
★ In etwa pommesgroße Stücke schneiden. Ihr Kind muss das angebotene Essen mit der Handfläche greifen können, da sich der Pinzettengriff erst noch entwickelt. Zu kleine Stücke verschwinden komplett in der Faust Ihres Babys, und es wird wütend anfangen, sie zu suchen. Die Hand bewusst wieder zu öffnen ist eine ungleich schwierigere Aufgabe für das Babyhirn, diese Fähigkeit wird es sich erst etwas später antrainieren!
★ Den Siebeinsatz oder das Dampfkörbchen in einen passenden Topf mit Wasser stellen.
★ Das Wasser zum Kochen bringen und das Gemüse im Dünsteinsatz bei geschlossenem Deckel bissfest garen. Garzeit je nach Gemüse etwa 8 bis 10 Minuten.
★ Alternativ das Gemüse knapp mit Wasser bedeckt direkt im geschlossenen Topf dünsten.

Bewährtes Einsteigergemüse

★ Kürbis
★ Zucchini
★ Kartoffel
★ Karotte
★ Süßkartoffel
★ Brokkoli
★ Blumenkohl
★ Kohlrabi

Eventuell müssen Sie ein bisschen herumprobieren, um je nach Gemüse die perfekte Garstufe zu erreichen. Ist es zu weich gedünstet, wird das Kind den Stift in der Hand zermatschen, ist es noch zu fest, kann es höchstens daran lutschen.

Beliebte Obst-Klassiker
- ★ Äpfel
- ★ Birnen
- ★ Pfirsiche
- ★ Aprikosen
- ★ Pflaumen
- ★ Melonen
- ★ Mangos
- ★ Avocados

Obst

Bananen sollten aufgrund des hohen Fruchtzuckergehaltes nur in Maßen genossen werden. Breifreie Babys »zuzeln« auch gerne Zitrusfrüchte und größere Ananasstücke aus. Auch Erdbeeren und Himbeeren sind gut geeignet und aufgrund der farbenfrohen Kleckerei ideal für warme Sommertage ohne viel Kleidung! Kleine, runde Beeren und Früchte sollten erst gegeben werden, wenn die Kinder über eine ausreichende Hand- und Mundmotorik verfügen.

Fette, Öle und Streichfette

Gesunde Fette sind ein wichtiger Nahrungsbestandteil. Genau wie der klassische Brei mit Öl angereichert wird, kann auf die Gemüsesticks etwas Öl geträufelt oder ein entsprechend gehaltvoller Dip dazu angeboten werden.
Da sich Pflanzenöle in der Fettsäuren- und Vitaminzusammensetzung unterscheiden, sollte immer mal wieder die Sorte gewechselt werden. Die wichtige Omega-3-Fettsäure Linolen kann über Raps- und Leinöl aufgenommen werden. Die Docosahexaensäure (DHA), die wichtig für die Gehirn- und Sehentwicklung ist, kommt auch in bestimmten Algen vor. Für eine ausreichende Versorgung, auch in der Beikostzeit, empfiehlt sich die Verwendung eines mit Mikroalgenöl angereicherten Leinöles.

Zu den weiteren geeigneten Ölen zählen Rapsöl, Leinöl, Maiskeimöl, Sonnenblumenöl, Weizenkeimöl, Distelöl, Walnussöl und Olivenöl. Fetthaltige Lebensmittel wie Avocados oder Nüsse lassen sich auch wunderbar als Brotaufstriche in Musform verwenden.
Vorsicht ist geboten bei veganen Streichfetten: Sie sind in ihrer Zusammensetzung oft nicht allzu hochwertig bzw. enthalten sogar Inhaltsstoffe, die gesundheitlich nicht empfehlenswert sind. Es ist hier absolut sinnvoll, auf Produkte aus dem Bioladen zurückzugreifen. Diese enthalten zwar auch

raffinierte, verzichten jedoch auf gehärtete Fette. Beim Härteprozess entstehen als Nebenprodukt ungesunde Transfettsäuren.

Muttermilch, Säuglingsmilch und pflanzliche Milchalternativen

Hauptmilchprodukt bleibt zunächst die Muttermilch bzw. die Pre-Nahrung. Letztere ist die einzig empfohlene Alternative zur Muttermilch. Pre-Nahrung ist auf Basis von Kuh- oder manchmal auch Ziegenmilch hergestellt. Es gibt auch Produkte auf Basis von Sojaprotein, die aber in der Regel nur nach Absprache mit dem Kinderarzt zum Einsatz kommen, wenn Säuglinge kein Milcheiweiß oder keine Laktose vertragen. Das Stillen hat in der veganen Säuglingsernährung also einen hohen Stellenwert, bei Schwierigkeiten sollten sich Mütter schnelle Unterstützung bei der Hebamme oder einer Stillberaterin holen. Von der Eigenzubereitung von Säuglingsnahrung wird dringend abgeraten, weil neben der Gefahr der Verunreinigung vor allem die der Unterversorgung mit wichtigen Nährstoffen besteht. Wenn also das Stillen nicht oder nicht ausschließlich möglich ist, müssen Sie Ihr Baby entsprechend mit einer adaptierten Pre-Nahrung versorgen. Sogenannte 1er-Nahrungen enthalten zusätzliche Stärke, die die Milch etwas sämiger, jedoch nicht kalorienreicher macht. Da es aber auch 1er-Nahrungen gibt, die nicht erforderliche Zuckerzusätze wie Glukose, Maltose oder Maltodextrin enthalten, sollten Sie hier die Zutatenliste genau studieren. Pre-Nahrungen ohne 1 in der Namensnennung enthalten als einziges Kohlenhydrat Laktose und sind deshalb für nicht gestillte Kinder im gesamten ersten Lebensjahr immer die erste Wahl[7]. Von Folgenahrungen, als 2er- und 3er-Nahrung deklariert, wird von Expertenseite ganz abgeraten, weil diese neben der Laktose noch diverse andere Zuckerzusätze sowie Stärke und zum Teil andere unerwünschte Zusätze wie Aromastoffe enthalten. Der Eiweißanteil ist höher als in der Anfangsnahrung, was das spätere Übergewichtsrisiko erhöht. Folgenahrungen dürfen deshalb auch nicht mehr nach Bedarf gegeben werden.

Als Milch bezeichnet werden dürfen laut Gesetzgebung nur Produkte aus Kuhmilch. Lediglich Kokosmilch ist eine offiziell zugelassene Bezeichnung. Deshalb steht auf allen anderen pflanzlichen Alternativen immer das Wort »Drink«, auch wenn diese eine milchähnliche Textur haben. Pflanzliche Drinks können aus Hafer, Mandeln, Reis, Soja, Dinkel, Cashewnüssen und anderen Sorten hergestellt worden sein. Man kann diese selbst machen oder – dann am besten in Bioqualität – kaufen. Viele Produkte sind mit Kalzium angereichert, was empfehlenswert ist und die Kalziumversorgung durch andere Lebensmittel noch ergänzt. Die Produkte können zum Kochen

und Backen, aber auch als Getränk oder pur zum Müsli verwendet werden. Mittlerweile gibt es viele spezielle pflanzliche Produkte, die ähnlich angewendet werden können wie Sahne oder Quark. Da es sich hierbei um meist hoch verarbeitete Lebensmittel handelt, lohnt sich allerdings der Blick auf die Zutatenliste. Diese Produkte sollten eher zurückhaltend zum Einsatz kommen, da vollwertige, unverarbeitete Lebensmittel die wesentlich besseren Nährstoffquellen sind.

Getreide

Getreide hat eine hohe Energiedichte und enthält wertvolle Mineralstoffe und Vitamine, die vor allem im Keim und in den Randschichten der Getreidekörner stecken.

Deshalb empfiehlt sich die Verwendung von 100-prozentigem Vollkorngetreide. In Getreidesorten wie Weizen, Hafer, Roggen, Gerste und Grünkern ist das Klebereiweiß Gluten enthalten. Bei Glutensensitivität kann der Körper mit Blähungen, Bauchschmerzen, Durchfall, aber auch Kopfweh oder Müdigkeit reagieren. Die eher seltene Glutenunverträglichkeit (Zöliakie) verursacht zudem eine chronisch entzündliche Erkrankung der Dünndarmschleimhaut. Wenn Ihr Baby die Beikostreifezeichen aufweist, können Sie ihm glutenhaltige Getreideprodukte reichen. Bei Verdacht auf eine eventuelle Unverträglichkeit wenden Sie sich bitte an Ihren Kinderarzt. Auch glutenfreie Getreidesorten wie Hirse, Mais, Buchweizen, Amaranth und Quinoa bieten in Vollkornqualität wertvolle Nährstoffe und Abwechslung auf dem Familienspeiseplan.

Salz, Gewürze und Kräuter

Babys Nieren sind noch nicht ausgereift dafür, größere Salzmengen zu verstoffwechseln. Maximal ein Gramm Salz (bis 0,4 Gramm Natrium) pro Tag ist für Kinder unter einem Jahr akzeptabel. Baby- und Kinderkost sollte generell salzarm sein[8]. Salz im Kochwasser ist völlig in Ordnung, nachsalzen sollte jedoch erst auf dem eigenen Elternteller passieren. Oft kommt Salz versteckt in industriell hergestellten

Lebensmitteln wie Wurstwaren oder Brot, aber auch in einigen Käsesorten wie Parmesan vor.

Scharfe Gewürze schaden dem Kind nicht unbedingt, sorgen aber meist dafür, dass es die zu stark gewürzten Lebensmittel ablehnt. Fein gehackte Kräuter lassen sich gut verwenden. Für Babys ist oft weniger mehr, da sie mit ihren feinen und unbeeinflussten Geschmacksknospen wesentlich intensiver schmecken.

Zucker und Süßigkeiten

Süß ist eine der ersten Geschmacksvorlieben von Babys. Auch Muttermilch schmeckt süßlich. In der Natur sind süße Nahrungsmittel so gut wie nie giftig, man kann also vom evolutionsbiologischen Sicherheitsgeschmack sprechen.

Die geschmackliche Wahrnehmung von Zucker ist so stark, dass alles andere überlagert wird – mit dem Effekt, dass Ihr Kind höchstwahrscheinlich ab dem ersten Kontakt am liebsten raue Mengen Süßes serviert bekommen haben möchte und alles andere verschmäht. Die Geschmacksknospen werden sozusagen verzerrt konfiguriert, und andere, zartere Aromen haben keine Chance mehr, entsprechend wahrgenommen zu werden.

Nahezu allen industriell hergestellten Lebensmitteln ist Zucker zugesetzt. Nicht immer gleich offensichtlich erkennbar, oder gar mit den scheinbar entwarnenden Worten »ohne Kristallzuckerzusatz« getarnt. Wenn man aber die klein gedruckte Zutatenliste studiert, findet man allerlei andere Zuckerformen wie Glukose, Dextrose, Maltose, Fruktose oder auch Sirupvarianten, die zugesetzt wurden. Auch vielen Babygläschen und Fertigbreien ist oft Zucker beigemischt!

Kinder wie Erwachsene konsumieren Zucker häufig über der empfohlenen täglichen Verzehrmenge. Viele behalten, von klein auf konditioniert, den Zuckerkonsum ein Leben lang als Kompensationsmittel für Stress oder Unbehagen bei. Kindern sollte ein maßvoller Umgang mit Süßigkeiten gezeigt werden, die Vorbildfunktion der Erwachsenen ist da ganz entscheidend. Besonders kritisch ist die Aufnahme von Zucker in flüssiger Form, etwa als Saft, Saftschorle, Limonade oder Eistee. In 0,2 Liter Apfelsaftschorle im Mischungsverhältnis von einem Drittel Saft und zwei Dritteln Wasser stecken ca. sieben Gramm Zucker, in industriell gefertigten Limonaden oder Eistees oft sogar über 20 Gramm pro Glas! Lebensmittel und Getränke, bei denen Zucker, in welcher Form auch immer, an zweiter oder dritter Stelle auf der Zutatenliste steht – Zutaten sind anteilig geordnet, die meist vorhandene wird zuerst genannt –, sind als Süßwaren und nicht als Grundnahrungsmittel zu betrachten.

Lieber nicht!

Hier finden Sie Nahrungsmittel aufgelistet, die sich für die breifreie Beikost nicht eignen – der Vollständigkeit halber auch die tierischen Produkte.

- ★ Honig und Ahornsirup (Botulismusgefahr)
- ★ Unzerkleinerte Erbsen, Bohnen, Samen, Nüsse, kleine Beeren (Verschluckungs- bzw. Aspirationsgefahr)
- ★ Rohe Eier, roher Fisch, rohes Fleisch (Salmonellengefahr)
- ★ Rohmilch (kann Bakterien enthalten)
- ★ Salat (kann am Gaumen kleben bleiben)
- ★ Fisch mit Gräten
- ★ Salzhaltige Nahrungsmittel (zu viel Salz kann die Nieren belasten)
- ★ Zucker, zuckerhaltige Lebensmittel, gesüßte und ungesüßte Säfte, Limonaden
- ★ Zuckerzusätze wie Glukose, Maltodextrin, Maltose, Fruktose, Dextrose, Saccharose, Sirupe und Dicksäfte
- ★ Fettreduzierte Lebensmittel
- ★ Koffein- und teeinhaltige Getränke
- ★ Alkoholhaltige Getränke oder Speisen

Nährstoffe

An dieser Stelle listen wir Ihnen nun die Nährstoffe auf, die Sie bei einer rein pflanzlichen Ernährung im Blick haben sollten. Denken Sie aber daran, dass die Beikost zunächst nur die (Mutter-)Milch ergänzt und Ihr Baby darüber noch gut versorgt wird. Wirklich wichtig ist es aber, dass Sie selbst in der Stillzeit gut auf Ihren Nährstoffbedarf achten!

Vitamin B12

Vitamin B12 wird für die Blutbildung, die Zellteilung und die Funktion des Nervensystems benötigt. Normalerweise wird es von Mikroorganismen im Erdreich gebildet, die sich dann im Verdauungstrakt von Säugetieren ansiedeln. In vom Tier stammenden Lebensmitteln bindet es sich an Proteine und wird darüber mit der Nahrung aufgenommen.

Bei einer rein pflanzlichen Ernährung muss Vitamin B12 substituiert werden, da es in pflanzlichen Lebensmitteln nur unzureichend vorkommt. Es gibt einige Meeresalgen (zum Beispiel Nori), die höhere Vitamin-B12-Mengen aufweisen, aber für die sichere Versorgung empfiehlt sich gerade für Kinder die Einnahme eines Vitamin-B12-Präparates. Diese sind in Tropfen- oder Tablettenform erhältlich. Die Dosierung richtet sich nach dem Alter des Kindes und sollte mit dem Kinderarzt bzw. einer Ernährungsberaterin abgesprochen werden.

Vitamin D

Vitamin D ist wichtig für bestimmte Stoffwechselprozesse, die für die Härtung der Knochen relevant sind. Es kann durch Sonnenbestrahlung in der Haut gebildet und über die Nahrung zugeführt werden. Oft ist allerdings die Aufnahme nicht ausreichend,

sodass die Knochenmineralisation beeinträchtigt werden kann.
Die Empfehlung des Netzwerkes »Gesund ins Leben«[9], eine IN FORM-Initiative des Bundesgesundheitsministeriums und der beteiligten Fachgesellschaften (Deutsche Gesellschaft für Ernährung, Deutsche Gesellschaft für Kinder- und Jugendmedizin, Forschungsinstitut für Kinderernährung), lautet deshalb, dass jeder Säugling jeden Tag 400 bis 500 Internationale Einheiten (I.E.; entspricht 10–12,5 µg) Vitamin D erhalten sollte.

Dies gilt für Stillkinder wie für mit Pre-Nahrung ernährte Kinder gleichermaßen. Vitamin D kann in Tropfenform oder als aufgelöste Tablette verabreicht werden. Die genaue Dosierung und das Vorgehen besprechen Sie mit Ihrem Kinderarzt. Ob zusammen mit dem Vitamin D auch Fluorid verabreicht werden sollte, besprechen Sie bitte auch individuell.
Fluorid ist ein vor allem in Knochen und Zähnen vorkommender Mineralstoff und in kleinen Mengen für eine gesunde Entwicklung des Kindes nötig. Zur Kariesvorbeugung wird Fluorid während der Zahnentwicklung in den Zahnschmelz und in das darunterliegende Zahnbein eingebaut und macht die Zähne so widerstandsfähiger gegen die Säuren der Karies verursachenden Bakterien. Zu viel Fluorid wiederum kann aber auch negative gesundheitliche Auswirkungen haben. Die Frage, ob und in welcher Form und Dosierung Ihr Baby Fluorid bekommen sollte, ist von verschiedenen Faktoren abhängig, etwa vom Fluoridgehalt Ihres Trinkwassers oder davon, welche Zahncreme Sie zum Zähneputzen für Ihr Kind verwenden.

Besprechen Sie deshalb auch hier das individuelle Vorgehen mit Ihrem behandelnden Arzt. Um Karies zu vermeiden, ist es generell erforderlich, auf eine gute Mundhygiene bei Ihrem Kind, aber auch bei sich selbst zu achten. Auch sollte Ihr Baby oder Kleinkind keine Flaschen oder Trinklernbecher zum Dauernuckeln bekommen.

Protein
Proteine, also Eiweiße, sind wichtige Bausteine für alle Körperzellen. Sie setzen sich aus verschiedenen Aminosäuren zusammen, wovon einige unentbehrlich sind, gerade in Zeiten des Wachstums. Damit das Eiweiß aus pflanzlichen Quellen gut vom Körper biologisch verwertet und alle Aminosäuren aufgenommen werden können, sollten über den Tag verteilt verschiedene gute Proteinquellen kombiniert werden. Die pflanzlichen Proteinquellen stehen den tierischen Quellen in ihrer Wertigkeit in nichts nach. Gute Kombinationen sind etwa weißer Reis und Erbsen oder Mais und rote Bohnen. Weitere gute vegane Proteinquellen sind Bohnen, Kichererbsen, Tofu und Tempeh, Quinoa, Linsen, Brokkoli und Hafer, aber auch Nüsse, für Kinder beispielsweise als Nussmus oder Pflanzenmilch.

Kalzium

Kalzium ist für Knochen und Zähne von großer Bedeutung, aber es wird auch für andere Prozesse im Körper benötigt. Gute vegane Kalziumquellen sind Mandeln und Sesam (zum Beispiel in Musform), Kichererbsen, Tofu, Grünkohl, Brokkoli oder getrocknete Feigen. Darüber hinaus sind viele Pflanzenmilchsorten mit Kalzium angereichert, und auch beim Mineralwasser gibt es Sorten, die einen höheren Kalziumgehalt aufweisen.

Zink

Zink hat viele Funktionen im Körper, zum Beispiel bei Wachstumsprozessen, bei der Wundheilung, aber auch bei der Funktion des Immunsystems. Eine wichtige pflanzliche Zinkquelle ist Vollkorngetreide, etwa Hafer. Linsen, Sojabohnen, Mandeln und Nüsse – als Mus oder Pflanzenmilch für Kinder – enthalten ebenfalls viel Zink. Die Aufnahme wird verbessert, wenn zu der Mahlzeit auch zitronensäurehaltiges Obst wie zum Beispiel Äpfel, Birnen, Beeren oder Zitrusfrüchte gegessen wird.

Eisen

Eisen hat eine wichtige Aufgabe bei der Blutbildung, ist aber auch an anderen bedeutenden Prozessen im Körper beteiligt, etwa an der Produktion bestimmter Enzyme und Hormone. Es kommt in tierischen und pflanzlichen Lebensmitteln vor, wobei die Aufnahmemöglichkeit aus tierischen Produkten höher ist. Besonders eisenreich sind im pflanzlichen Bereich Hirse und Hafer (jeweils als Vollkorngetreide), Amaranth, aber auch Hülsenfrüchte wie Linsen, Kichererbsen oder Tofu. Sesammus und Trockenfrüchte aus Pfirsich, Aprikosen oder Datteln weisen ebenfalls einen guten Eisengehalt auf. Da Vitamin C die Eisenaufnahme verbessert, sollte dieses in Form von Obst oder Gemüse zur selben Mahlzeit mit aufgenommen werden.

Der in der Schwangerschaft angelegte Eisenvorrat des Babys versorgt es etwa ein halbes Jahr lang. Gleichzeitig bekommt es aber auch mit der Muttermilch Eisen. Muttermilch ist zwar nicht besonders eisenhaltig, dafür kann das Eisen (Lactoferrin) daraus besonders gut aufgenommen und verwertet werden. Ungefähr mit einem halben Jahr sollte dem Baby dann zusätzlich eisenhaltige Beikost angeboten werden.

Jod

Das Spurenelement Jod ist elementarer Bestandteil der Schilddrüsenhormone. Es ist wichtig für das Gewebewachstum und die Zellteilung. Außerdem beeinflusst es die Entwicklung von Knochen und Gehirn sowie den Stoffwechsel von Kohlenhydraten, Proteinen und Fetten.

Die Jodversorgung kann bei jedweder Ernährungsform ein kritischer Nährstoff sein, weshalb derzeit für alle Frauen in der Schwangerschaft und in der Stillzeit die Supplementierung von Jod empfohlen wird. Allerdings sollte bei Verdacht auf eine bestehende Über- oder auch Unterfunktion der Schilddrüse vor jeder Form der Jodsupplementierung eine entsprechende Diagnostik erfolgen. Auch wenn bereits Medikamente wegen einer Schilddrüsenerkrankung eingenommen werden, ist es in jedem Fall ratsam, die Jodidsubstitution vorher mit dem behandelnden Arzt abzusprechen.

Pflanzliche Jodquellen sind vor allem Algen wie zum Beispiel die Nori-Alge. Generell empfiehlt es sich, ein jodhaltiges Speisesalz zu verwenden, das in der Beikostzeit und im Kleinkindalter natürlich entsprechend angemessen dosiert werden sollte.

Wenn die stillende Mutter gut mit Jod versorgt ist, so ist es auch das Baby weiterhin über die Muttermilch. Auch Pre-Nahrungen sind entsprechend mit Jod angereichert.

Folsäure

Folsäure ist nötig für die Zellteilung und die Blutbildung sowie weitere wichtige Prozesse im Körper. Um Neuralrohrdefekten (Fehlbildungen, zum Beispiel Spina bifida aperta) beim ungeborenen Kind vorzubeugen, wird die Supplementation von Folsäure bereits ab Kinderwunsch empfohlen. Vegan lebende Menschen haben oft eine bessere Folsäureversorgung, weil sie viele Vollkornprodukte und folatreiche Gemüsesorten essen.[10] Gute Folsäurequellen sind grüne Gemüsesorten wie etwa Spinat, Bohnen, Kichererbsen, Vollkornprodukte, Weizenkeime, Sojabohnen und Salat (kann für Babys und Kleinkinder in Smoothies verarbeitet werden).

Selen

Selen ist ein essenzielles Spurenelement, das in allen Körperzellen vorkommt und das der Körper nicht selbst bilden kann. Es ist unerlässlich für wichtige Stoffwechselfunktionen, die Funktion des Immunsystems und für eine gesunde Abwehr. Der Selengehalt von Nahrungsmitteln ist immer von der Beschaffenheit der Böden abhängig, auf dem die Nahrung wächst. Diese enthalten unterschiedlich viel Selen. Eine sehr gute vegane Selenquelle sind Paranüsse (für Kinder als Nussmus). Selenreiche Hülsenfrüchte sind Sojabohnen und rote Linsen. Bei den Getreidesorten sind weißer Reis, Roggen und Dinkel gute Quellen.

Magnesium

Magnesium ist ein Mineralstoff, der für gesunde und funktionierende Muskeln und Nerven wichtig ist. Gute pflanzliche Magnesiumquellen sind Vollkornprodukte aus Hirse, Hafer oder Roggen und Gemüsesorten wie Fenchel, Kohlrabi oder Spinat. Auch in Cashewnüssen, Mandeln, Walnüssen, Leinsamen oder Pinienkernen ist viel Magnesium enthalten. Wegen der Aspirationsgefahr sollten Babys Nüsse, Kerne und Saaten aber nur verarbeitet, etwa als Mus, Pesto oder Brotaufstrich, gegeben werden.

Vitamin B1 (Thiamin)

Vitamin B1 spielt bei der Energiegewinnung aus Kohlenhydraten, Eiweißen und Fetten ebenso wie bei der Reizübertragung zwischen Nerven und Muskeln eine Rolle. Pflanzliche Vitamin-B1-Quellen sind zum Beispiel Hülsenfrüchte wie Bohnen und Linsen, Vollkornprodukte wie Haferflocken, Kartoffeln, grüne Erbsen, Brokkoli, Hefeflocken oder Sonnenblumenkerne (auch diese wegen der Aspirationsgefahr nur in Smoothies oder zu Pasten verarbeitet anbieten).

Vitamin B2 (Riboflavin)

Vitamin B2 hat wichtige Funktionen im Energie- und Eiweißstoffwechsel. Es kommt in Mandeln (als Mus oder Drink anbieten), Champignons, Linsen, Tofu, Brokkoli, Grünkohl, Weizenvollkornmehl und Avocados vor.

Vitamin B6 (Pyridoxin)

Vitamin B6 ist für bestimmte Stoffwechselprozesse und den Aufbau sowie den Schutz von Nervenverbindungen von Bedeutung. Außerdem unterstützt es das Immunsystem und ist an der Hämoglobinbildung beteiligt. Gute pflanzliche Quellen dafür sind Bananen, Kartoffeln, Paprika, Blumenkohl, Tomaten, Erbsen, Linsen, Avodacos, Weizenkeime oder auch Hefeflocken.

Wählerische Esser

Parallel zur Beikostreife entwickeln sich die Selbstwahrnehmung und vor allem auch der Wille Ihres Kindes. Selbst wenn es anfangs noch alles Angebotene aufgeschlossen und interessiert probierte, wird es mit fortschreitendem Alter anfangen, Dinge abzulehnen, die Sie ihm anbieten. Der Spielraum für echtes selbstbestimmtes Handeln ist für ein Baby oder Kleinkind ja nicht allzu groß. Verständlich also, dass es jede sich bietende Gelegenheit nutzt, um auch mal dagegenzuhalten und selbstwirksam zu agieren – und sei es über die täglich eingeforderte Menge trockener Nudeln ohne Sauce … Wundern oder gar ärgern Sie sich also nicht, wenn auf einmal die bunte Gemüsepfanne nur noch kritisch beäugt oder das bisher geliebte Müsli empört seziert und aussortiert wird, bis nur noch die Haferflocken übrigbleiben. Auch Selbstessen schützt nicht vor Mäkeligkeit.

Dass Süßes und Salziges, aber vor allem auch fett- und eiweißreiche Nahrung bevorzugt wird, resultiert übrigens noch aus vergangenen Zeiten, in denen uns Nahrung nur eingeschränkt zur Verfügung stand. Auch bei unserem heutigen Nahrungsüberangebot reagiert der Körper deshalb noch so, als gäbe es bald nichts mehr; wir Erwachsenen langen ebenfalls bei süßen, salzigen und fettigen Speisen schnell über das nötige Maß hinaus zu.

Die sogenannte Neophobie[11], die Angst vor neuen, unbekannten Lebensmitteln, die etwa ab dem 18. Lebensmonat einsetzt, hat einen wichtigen evolutionsbiologischen Hintergrund. Sie bewahrte die Steinzeitkinder vor Vergiftungen, wenn sie ihr Essen in freier Natur direkt vom Baum oder Strauch pflückten. Mit zunehmendem Kleinkindalter verstärkt sie sich noch, oft sind Kinder erst mit acht bis zwölf Jahren wieder experimentierfreudiger beim Essen.

Was Sie sich während der Nahrungseinführung immer wieder sagen müssen: Solange Sie weiterhin nach Bedarf stillen oder Formulanahrung geben, ist Ihr Kind grundversorgt. Sollten Sie sich trotzdem hinsichtlich einer Mangelernährung sorgen, wenden Sie sich an Ihren Kinderarzt oder die Ernährungsberatung Ihres Vertrauens.

Warenkunde: Einkauf und Vorratshaltung

Biologisch, regional und saisonal

Haben Sie vielleicht einen Biomarkt in Ihrer Nähe? Der Weg dorthin lohnt sich, vor allem für Ihr Kind! Es ist absolut ratsam, auf Erzeugnisse aus biologischer Landwirtschaft zurückzugreifen, da bei konventionellem Obst- und Gemüseanbau meist allzu schwungvoll mit Pflanzenschutzmitteln verfahren wird. Rückstände dieser Pestizide finden sich dann auf den Früchten, und der beständige Verzehr derselben kann den Hormon- und Immunhaushalt beeinträchtigen, das Nervensystem schädigen oder sogar Krebserkrankungen begünstigen. Obst und Gemüse sollten obendrein möglichst aus der Region kommen – dann haben die Produkte keine langen Transport- und Lagerzeiten hinter sich, was sich bei der Frische bemerkbar macht. Nebenbei arbeiten Sie so auch noch an Ihrer CO_2-Bilanz!

In unserem Saisonkalender finden Sie eine Übersicht, welche Feld-, Garten-, Wald- und Baumfrüchte bei uns aus hiesigem Anbau erhältlich sind.

Viele Biohöfe bieten sogenannte Biokisten an, in denen den Abonnenten regelmäßig frisches Obst und Gemüse direkt nach Hause geliefert wird. Es macht aber auch großen Spaß, auf dem (Bio-)Wochenmarkt die Anbieter über die saisonale Sortenvielfalt und den entsprechenden Anbau auszufragen. Die meisten freuen sich über Interesse, das über »Schmecken die Tomaten gut?« hinausgeht. Kaufen Sie wirklich nur das, was Sie auch brauchen und verarbeiten. Gerade bei scheinbar sehr billigen frischen Lebensmitteln wird oft zu großen Mengen gegriffen, die dann im Obst- und Gemüsekorb vor sich hinwelken. Frische

---

Kühlschrank-Memo:
Karotten, Sellerie und Rote-Bete-Knollen sind häufig mit ihrem Blattgrün zu finden – einem Merkmal für ihre Frische, denn bei Lagerware wird das Grün sinnvollerweise entfernt. Klein geschnittenes Karotten- oder Selleriegrün können Sie wie Kräuter in eine Suppe geben; die zarten, kleinen Rote-Bete-Blätter können in einen Salat gemischt oder beim Gemüse mit verwendet werden.

Lebensmittel sind am empfehlenswertesten, wenn diese in guter Qualität vorliegen und schnell verarbeitet werden. Obst und Gemüse verlieren bei längerer und unsachgemäßer Lagerung schnell viele Vitamine und Nährstoffe. Setzen Sie also lieber auf Qualität statt Quantität.

Saisonkalender

Januar – Februar – März
Grünkohl, Rosenkohl, Schwarzwurzeln, Pastinaken, Steckrüben, Topinambur, Chicorée
Folgende Obst- und Gemüsesorten, die sich lagern lassen, bereichern das Angebot: Karotten, Weißkohl, Rotkohl, Knollensellerie, Winterkohlrabi, gelbe Rüben, Rote Bete, Meerrettich, Kartoffeln, Kürbis, Äpfel, Birnen.

April – Mai
Rhabarber, Bärlauch, Spargel (wird bis zum Johannistag am 24. Juni gestochen), junger Blattspinat, Frühlingszwiebeln, Mangold, Feldsalat, junge Karotten, Radieschen, Zuckerschoten, Rucola, Blattsalat, Lollo rosso, Salatgurken, Erdbeeren

Juni
Dicke Bohnen, Erbsen, frischer Knoblauch, Freilandkohlrabi, Blumenkohl, Eisbergsalat, Radicchio, Tomaten, Stangensellerie, Brokkoli, Fenchel, Salatgurken, neue Kartoffeln, Spinat, Süßkirschen, Stachelbeeren

Juli
Sommer ist Hauptsaison für Obst und Gemüse! Nun gibt es auch grüne Bohnen, Lauch, Zucchini, Portulak, Sauerkirschen, Heidelbeeren, Himbeeren und Johannisbeeren aus regionalem Anbau.

August
Auberginen, Tomaten, Paprika und Zucchini sind in dieser Zeit am geschmacksintensivsten! Genießen Sie auch Zuckermais, Pfirsiche, Nektarinen, Brombeeren, Mirabellen, die ersten frisch gepflückten Äpfel, erste Pflaumen und Zwetschgen.

September
Jetzt gibt es Schwarzwurzeln, Spinat, weiße und rote Zwiebeln, Endiviensalat, Maronen und Haselnüsse. Die Pilz- und Traubensaison beginnt, und immer noch werden Pflaumen, Zwetschgen und Äpfel geerntet.

Oktober
Pastinaken, Topinambur, Walnüsse Unterschiedlichste Kürbisse werden jetzt aus regionaler Ernte angeboten, weiterhin gibt es Äpfel und Birnen in großer Sortenvielfalt, Quitten und Weintrauben.

November
Maronen, Rosenkohl, Grünkohl, Wirsing

Dezember
Petersilienwurzeln sind frosthart und werden im Dezember noch frisch geerntet, außerdem Topinambur, Schwarzwurzeln,

Steckrüben, Winterrettich und Pastinaken sowie weiterhin Rosenkohl, Grünkohl und Wirsing.

Vorräte

Björns Spezialzutaten

★ **Arganöl** – ist ein Speiseöl, das aus den gerösteten Samenplättchen der reifen Frucht des Arganbaums gewonnen wird. Das Öl soll das Risiko von Herz-Kreislauf-Erkrankungen senken und Fettleibigkeit vorbeugen. Die Menge an Vitamin E in Arganöl ist 3-mal höher als in Olivenöl. Das Antioxidans verhindert die Bildung von freien Radikalen, die zur Entstehung verschiedener Krankheiten beitragen.

★ **Albaöl** – Die schwedische Rapsölvariante hat ein intensives Butteraroma und ist reich an Alpha-Linolensäure, einer pflanzlichen Omega-3-Fettsäure.

★ **Kokosöl** – ist ein kalt gepresstes Fett, das bei Zimmertemperatur eine feste Konsistenz aufweist. Es wird aus dem geschälten Fruchtfleisch der Kokosnuss gewonnen.

★ **Räuchertofu** – Tofu, auch als Bohnenkäse bekannt, wird genau wie Kuhmilchkäse hergestellt, nur eben aus der Milch der Sojabohne. Mit einer aromatischen Buchenholzrauchnote veredelt, bereichert diese Tofuvariante viele Gerichte mit erfreulicher Deftigkeit.

Tipp: Wir empfehlen ausdrücklich – und zwar wohlgemerkt ohne finanzielle Hintergedanken, einzig aus geschmacklichen Gründen! – Räuchertofu der Marke Taifun.

★ **Pankoflocken** – Hier handelt es sich um ein japanisches Paniermehl (dt. »Brotmehl«), hergestellt aus getrocknetem Weißbrot ohne Kruste.

★ **Kala Namak** – auch Schwarzsalz genannt, ist ein salziges, nach Schwefel riechendes Würzmittel. Das vulkanische Steinsalzmineral liefert eine intensive Geschmacksnote, die der von Eiern sehr ähnlich ist.

★ **Kokosblütenzucker** – ist ein natürliches Süßungsmittel, das aus dem Blütennektar der Kokospalme gewonnen wird. Der Saft wird zu Sirup eingekocht, bis er kristallisiert, und nach dem Trocknen gemahlen. Kokosblütenzucker zeichnet sich durch einen leicht karamelligen Geschmack aus. Achten Sie auch hier unbedingt auf Bio-Qualität – nur so ist gewährleistet, dass er nicht mit Palmzucker gestreckt wurde.

Das alles lässt sich wunderbar als Vorrat halten

★ (Vollkorn-)Pasta in diversen Formen; besonders lebensrettend, weil in fünf Minuten gar: kleinste Formen wie Mini-Farfalle; Mie-Nudeln (asiatische Weizennudeln)

★ Goldhirse, Polenta, Couscous, Quinoa

- Verschiedene Sorten Reis: Milchreis, Risottoreis, Basmatireis
- Getrocknete Kichererbsen, Bohnen, Linsen
- Getrocknete (Soft-)Tomaten
- Mehl: glattes und griffiges Dinkel- oder Weizenmehl, Buchweizenmehl
- Maisstärke
- Öl: Rapsöl (schmeckt neutral), Kokosöl (zum Braten), Olivenöl, Albaöl
- Weißer Essig, Balsamico-Essig
- Gewürze: Salz, Pfeffer, Muskatnuss, Zimt, Cayennepfeffer, Currypulver, Kardamom, Kreuzkümmel, Bockshornklee, Fenchelsamen, Oregano, Thymian, Majoran, Bohnenkraut, Rosmarin, Paprikapulver, Chilipulver, Chiliflocken, getrocknete Lorbeerblätter, getrocknete Nelken, Kala Namak (Schwefelsalz)
- Gemüsebrühe in Würfel- oder Pulverform (ohne Geschmacksverstärker und Hefeextrakt)
- Paniermehl, Pankomehl
- Backpulver, Natron, Vanillepulver / Vanilleschote
- Rosinen
- Zitronen- / Orangenabrieb
- Haferflocken
- Hirseflocken
- Basismüsli
- Nüsse: Mandeln, Pinienkerne, Walnüsse
- Kokosmilch
- Reisdrink, Sojadrink (ungesüßt), Mandeldrink
- Soja-, Reis-, Mandelcuisine (Sahne-Alternative)

- Vorgegarte Maronen
- In Konservendosen und Gläsern: ganze Tomaten, stückige Tomaten, dicke Bohnen, schwarze Oliven, Kapern, Sardellen, Apfel-Mango-Mark (ohne Zucker), Birnenmus (ebenfalls ohne Zucker)
- Gemüse: Knoblauch, Zwiebeln, Ingwer, Kartoffeln
- Im Kühlschrank: Senf (fein und körnig), Tomatenmark, vorgegarte Rote Bete
- TK-Erbsen, -Bohnen, -Spinat, -Himbeeren, -Blaubeeren (aus dem Biomarkt)
- Auf der Fensterbank: frische Kräuter wie Basilikum, Rosmarin, Petersilie, Koriander

Gewusst, wie – der Kochalltag mit Baby

Auch wenn Ihnen die Idee des täglichen Kochens im Babyalltag aufwendig vorkommt: Eigentlich haben Sie es bei der breifreien Vorgehensweise sogar mit weniger Aufwand zu tun als beim herkömmlichen Weg, bei dem Sie den Brei zubereiten oder aufwärmen müssen, das Kind füttern und sich obendrein auch noch selbst etwas servieren. Bei der breifreien Küche brauchen Sie jedoch nur Zeit für die eine Mahlzeit. Die folgenden Tipps erleichtern Ihnen den Kochalltag noch mehr:

- ★ Denken Sie voraus! Regelmäßig aufgestockte Vorräte sorgen für genug Zutaten zur Zubereitung schneller Gerichte, falls strömender Regen Sie vom Einkaufen mit Baby abhält.
- ★ Kochen Sie vor. Bei vielen unserer bausatzartigen Rezepte können Sie gleich etwas für den nächsten Tag mit vorbereiten.
- ★ Verbinden Sie das tägliche »Lüften« Ihres Babys mit dem Einkauf für Ihre Essenswünsche, die Sie sich vielleicht schon beim Frühstück überlegt haben. Es ist oft ein besseres Gefühl, mit einem Tagesauftrag loszugehen, als ziellos im Park die Runden zu drehen.
- ★ Beginnen Sie rechtzeitig mit dem Kochen, damit alle Beteiligten noch entspannt sind. Ein bereits hungrig quengelndes Baby wird sich zudem auch auf nicht viel anderes mehr als seine Milchnahrung einlassen.
- ★ Wählen Sie an stressigen Tagen das Essen mit dem geringsten Aufwand oder kochen Sie erst am Abend, wenn der Partner wieder da ist. Oder essen Sie einfach unterwegs eine Kleinigkeit, von der Sie Ihrem Baby auch etwas anbieten können.
- ★ Füllen Sie das Gefrierfach mit vorgekochtem Essen auf.
- ★ Laden Sie Besuch ein, der Essen mitbringt oder während des Kochens Ihr Baby bespaßt.

Kochspaß für alle!

Es gibt viele Optionen, gutes Essen möglich zu machen. Beikost muss also auch in stressigen Babyzeiten nicht heißen: ein Gläschen fürs Baby und eine schnelle Stulle für Mama. Natürlich kann es auch solche Tage geben – gutes, abwechslungsreiches und vor allem leckeres Essen für alle ist aber sicher die bessere Wahl.

Schon sitzende Babys schauen gerne aus dem Hochstuhl heraus zu und können auch hier gut »helfen«. Vielleicht brauchen Sie dringend jemanden, der für Sie mit dem Schneebesen auf den Messbecher haut oder prüft, ob drei Ihrer Tupperdosen ineinander passen?

Eine Kinderküche steht am besten in der Küche und nicht im Kinderzimmer. Gerade schon stehende Kinder lieben es, hier selbst parallel aktiv zu werden. Ein paar ungekochte Nudeln oder auch mal etwas Wasser zum »Suppekochen« machen das Küchenspiel immer wieder neu interessant.

Babys finden es auch sehr spannend, wenn man ihnen zeigt und erzählt, was und wie man da gerade kocht. Wichtig ist letztlich nur das Gefühl, von der Bezugsperson wahr- und ernst genommen und nicht etwa ignoriert zu werden.

Auch für Tage ohne Unterstützer gibt es Lösungen: In einem Tragetuch oder einer gut konzipierten Fertigtrage ist Ihr Baby angekuschelt und geborgen bei Ihnen, während Sie beide Hände zum Kochen frei haben. Besonders flexibel sind Sie, wenn Sie sich Ihren kleinen Tragling auf den Rücken binden. Von dort kann er Ihnen über die Schulter schauen, und es steht nichts zwischen Ihnen und dem Herd. Oder möchte Ihr Baby »mitkochen«? Topf und Schneebesen auf der Krabbeldecke machen kleine Köche glücklich.

Es gibt übrigens tatsächlich Babys, die das typische Klackgeräusch der Breigläschendeckel automatisch mit Nahrungsaufnahme verbinden. Wenn Sie aber regelmäßig im Beisein Ihres Kindes kochen, wird es schon bald das Klappern der Töpfe und den guten Essensgeruch damit verknüpfen, dass es nun wieder etwas Leckeres und Spannendes zu essen gibt. Welche Assoziation gefällt Ihnen persönlich besser?

Darf mein Kind das jetzt wirklich alles essen?

Wir haben uns entschieden, die Gerichte und Rezepte nach Gattungen zu bündeln, so kann man leichter eine spezielle Inspiration für ein Frühstück, einen kleinen Snack oder eine ganze, warme Mahlzeit finden. Es handelt sich hier also keineswegs um eine Reihenfolge, nach der man vorgehen muss. Sie können theoretisch sofort und mit gutem Gewissen alles anbieten, was wir hier auflisten – nur die Sweets sind für schon etwas größere Esser gedacht, weil es unklug ist, mit der süßen Geschmackskomponente zu beginnen.

Alle Rezepte sind für die Beikost nach Bedarf geeignet. Für einige der Speisen braucht es aber durchaus ein wenig Fingerfertigkeit und Virtuosität, die sich kleine Essanfänger erst unterwegs erarbeiten müssen.

Nehmen Sie diese Rezeptsammlung als Anregung, selbst kreativ zu werden: Ändern Sie Rezepte ab, kombinieren Sie sie untereinander. Solange Sie die »Lieber nicht«-Liste (s. Seite 31) beachten, ist alles erlaubt. Achten Sie allerdings bitte unbedingt darauf, dass die Speisen ausreichend abgekühlt sind, bevor Sie Ihr Kind probieren lassen. Bieten Sie Ihrem Kind das Essen einfach an, lassen Sie es damit hantieren, experimentieren und seine ersten Erfahrungen mit dieser höchst erstaunlichen Materie machen. Und, wie schon erwähnt: Seien Sie nicht enttäuscht, wenn das zuvor noch interessiert untersuchte Stück Gemüse oder Nudel bei den ersten Runden am Ende auf dem Boden landet. Anfangs werden die Speisen, so sie es bis in den Mund schaffen, mit der Zunge am Gaumen zerdrückt; dünsten Sie also Gemüse lieber ein wenig zu weich als zu bissfest.

Und noch etwas können wir gar nicht oft genug erwähnen: Babys Essen sollte salzarm sein. Wie vorsichtig (und vor allem warum!) Sie im ersten Lebensjahr Ihres Kindes mit der Zugabe von Salz umgehen sollten, erklären wir auf Seite 29, aber wir maßen uns nicht an, Ihnen diesbezüglich Vorschriften zu machen. Wann immer Sie also »eventuell Salz« bei den Zutaten für die Rezepte lesen, meinen wir die »Erwachsenenwürzung« – vielleicht werden Sie ja auch das eine oder andere Gericht ausschließlich für große Esser zubereiten. Wenn aber Essanfänger am Tisch sitzen, müssen Sie sich sowohl beim Salz als auch bei eventueller Schärfe überlegen, wie Sie verfahren. Manch eine(r) stellt grundsätzlich die Gewürze auf den Tisch, sodass man individuell nachtunen kann, andere würzen lediglich einen Teil des Gerichtes in den Töpfen nach Rezept fertig, wieder andere essen aus Solidarität auch selbst nur noch sparsam bis gar nicht gesalzen. Seien Sie auch hier kreativ und experimentieren Sie, bis Sie Ihren persönlichen Weg finden!

So, jetzt geht es aber wirklich los. Viel Spaß beim Kochen und guten Appetit!

Ran an die Töpfe

Die Rezepte

Frühstücksideen & Smoothies

Apfel-Pfannkuchen

glutenfrei

Für 6 Portionen:
- 90 g feine Haferflocken
- 360 ml Haferdrink, ungesüßt
- 2 EL Albaöl
- 1 Prise Salz
- Mark von ½ Vanilleschote
- 2 Äpfel
- Etwas Kokosöl zum Ausbacken

1 Haferflocken, Haferdrink, Albaöl, Salz und Vanillemark zu einer homogenen Masse mixen.

2 Äpfel waschen. 1 Apfel reiben und zu der Masse geben. Restlichen Apfel in 18 dünne Spalten schneiden.

3 In einer beschichteten Pfanne etwas Kokosöl erhitzen. Jeweils 3 Apfelspalten in die Pfanne geben, etwas Pfannkuchenmasse darübergießen und 6 Pfannkuchen ausbacken.

Pancakes

Für 4 Portionen:
- 400 g Weizenmehl, Typ 505
- ½ Banane, zerdrückt
- 1 Prise Salz
- 1 TL Vanillepulver
- 1 Päckchen Weinstein-Backpulver
- 2 EL Albaöl
- 250 g Soja»joghurt« Natur
- 250 ml Sojadrink ungesüßt
- 1 EL Kokosöl zum Ausbacken

1 Alle Zutaten außer dem Kokosöl zu einem homogenen Teig verrühren.

2 In einer beschichteten Pfanne das Kokosöl erhitzen und die Pancakes darin ausbacken.

Dazu passt Apfelmark. Apfelmark enthält – im Gegensatz zu Apfelmus – keinen zugesetzten Zucker.

Tipp: Die schwedische Rapsölzubereitung Albaöl (s. Seite 39) gibt es z. B. bei REWE zu kaufen.

Tofurührei

Für 6 Portionen:
- ★ 100 g Zwiebeln
- ★ 200 g Räuchertofu
- ★ 1 EL Kokosöl
- ★ 400 g Tofu Natur
- ★ 2 Messerspitzen Kurkuma
- ★ Salz und Pfeffer
- ★ 200 g Seidentofu
- ★ ½ Bund Schnittlauch für die größeren Esser

1 Zwiebeln schälen und in feine Würfel schneiden. Räuchertofu in feine Streifen schneiden.

2 Kokosöl in einer Pfanne erhitzen und den Räuchertofu mit den Zwiebeln darin leicht anbräunen.

3 Naturtofu mit einer Gabel oder den Händen zerdrücken, mit Kurkuma vermengen und in die Pfanne geben. Evtl. mit Salz und Pfeffer würzen und alles anbraten, bis der Tofu leicht braun wird.

4 Seidentofu in grobe Stücke schneiden, ebenfalls in die Pfanne geben und kurz anschwitzen. Falls gewünscht, mit Salz und Pfeffer abschmecken.

5 Schnittlauch waschen, in sehr feine Röllchen schneiden und für die größeren Esser über das fertige Tofurührei streuen.

Sahnemilchreis

Für 4 Portionen:
- ★ 1 EL Albaöl, s. Seite 39
- ★ 125 g Milchreis
- ★ 500 ml Sojadrink, ungesüßt
- ★ Mark von ½ Vanilleschote
- ★ 1 Prise Salz
- ★ 100 ml vegane Schlagcreme
- ★ Ca. 50 g Obst nach Geschmack, püriert

1 Albaöl in einem Topf erhitzen und den Milchreis darin kurz anschwitzen.

2 Sojadrink mit Vanillemark, Salz und falls gewünscht etwas Kokosblütenzucker dazugeben und unter Rühren aufkochen lassen. Bei kleinster Flamme geschlossen 15 Minuten garen lassen, umrühren und weitere 15 Minuten geschlossen garen lassen. Milchreis abkühlen lassen.

3 Schlagcreme steif schlagen und mit dem Fruchtpüree unter den kalten Milchreis heben.

Porridge mit Früchten

Für 4 Portionen:
- ★ 400 ml Reis-Mandel-Drink (Provamel), ungesüßt
- ★ 80 g Haferflocken
- ★ 1 Prise Salz
- ★ ½ TL gemahlener Zimt
  1 EL Rosinen
- ★ 1 EL getrocknete Cranberrys
- ★ 1 Apfel
- ★ ½ Banane

1 Reis-Mandel-Drink in einem Topf zum Kochen bringen. Haferflocken, Salz, Zimt, Rosinen und Cranberrys dazugeben und 3 bis 4 Minuten leicht köcheln lassen. Eine kleine Portion für das Baby pürieren.

2 Apfel waschen, in Stücke schneiden und weich dünsten. Banane schälen. In gut greifbare Scheiben schneiden – das Baby kann so das pürierte Porridge als »Dip« benutzen.

Bei schon geübten Selbstlöfflern muss dann nicht mehr püriert werden.

Beeren-Lassi

Für 4 Portionen:
- 450 g Beerenmix (TK)
- 250 g Soja»joghurt«
- 6 Datteln ohne Kern, grob zerkleinert
- 500 ml Reis-Mandel-Drink (Provamel), ungesüßt

1 Alle Zutaten mixen und kalt servieren.

Brombeer-Apfel-Ananas-Smoothie

Für 5 Portionen à 100 ml:
- 1 Stück Banane für die Süße und die Cremigkeit
- 50 g Ananas
- 150 g Brombeeren oder Himbeeren
- 100 g Apfel

1 Banane und Ananas schälen, restliches Obst waschen. Apfel und Ananas grob zerkleinern.

2 Alle Zutaten mit 250 Milliliter kaltem Wasser oder der entsprechenden Menge Eiswürfeln zu einem Smoothie mixen und kalt servieren.

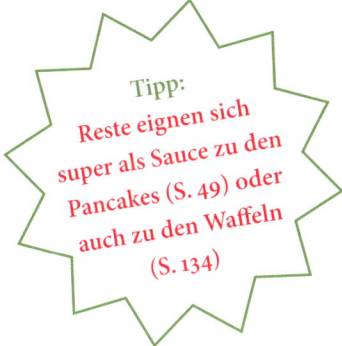

Tipp:
Reste eignen sich super als Sauce zu den Pancakes (S. 49) oder auch zu den Waffeln (S. 134)

Grüner Smoothie

Für 2 Portionen:
- 1 Banane
- 2 Kiwi
- 1 Apfel, Boskop
- 150 g Spinatblätter
- 30 g Minzeblätter
- 2 TL Arganöl, s. S. 39

1 Banane und Kiwi schälen. Apfel, Spinat und Minze waschen. Das Obst in Würfel schneiden.

2 Alle Zutaten mit 400 Milliliter kaltem Wasser oder der entsprechenden Menge Eiswürfel zu einem Smoothie mixen und kalt servieren.

Mango-Lassi

Für 2 Portionen:
- 2 Mangos
- 1 kleiner Becher Soja»joghurt« Natur

1 Mangos schälen, Fruchtfleisch vom Kern ablösen und pürieren.

2 Mangopüree und Soja»joghurt« mit 125 Milliliter Wasser mixen und kalt servieren.

Baby spezial: Falls Sie fertiges Mangopüree kaufen, achten Sie bitte unbedingt darauf, dass es ungezuckert ist!

Aufstriche, Dips & Co

Erbsen-Minze-Dip

Für ca. 200 g:
★ 150 g Erbsen (TK)
★ 6 Minzeblätter
★ ¼ Knoblauchzehe
★ Saft von ¼ Limette
★ 3 EL Sojacuisine
★ 1 EL Hefeflocken
★ Evtl. Salz und Pfeffer
★ 100 g Räuchertofu
★ Kokosöl zum Braten

1 Erbsen auftauen lassen. Minzeblätter waschen, Knoblauch schälen. Erbsen mit Limettensaft, Minzeblättern, Sojacuisine, Hefeflocken und Knoblauch pürieren, bis die gewünschte Konsistenz erreicht ist. Falls gewünscht, mit Salz und Pfeffer abschmecken.

2 Räuchertofu in dünne Scheiben schneiden. Kokosöl in einer Pfanne erhitzen und Tofu darin anbraten.

3 Den Erbsenaufstrich mit den gebratenen Räuchertofuscheiben servieren.

Linsenaufstrich

Für ca. 250 g:
★ 100 g Champagner- bzw. Tellerlinsen
★ Salz
★ 4 Nelken
★ 1 Lorbeerblatt
★ 50 g Sonnenblumenkerne
★ 2 EL Kokosöl
★ 1 Zwiebel, in Würfel geschnitten
★ 1 EL getrockneter Majoran
★ 1 EL Olivenöl
★ 1 EL Hefeflocken
★ Abgeriebene Schale von ¼ Bio-Zitrone
★ Evtl. Pfeffer

1 Linsen in gesalzenem Wasser mit Nelken und Lorbeer aufkochen und 45 bis 50 Minuten köcheln lassen. Nelken und Lorbeer entfernen.

2 In der Zwischenzeit Sonnenblumenkerne in einer Pfanne ohne Fett anrösten und zur Seite stellen. Kokosöl in die Pfanne geben und die Zwiebelwürfel darin anrösten. Pfanne von der Flamme nehmen und Majoran zu den Zwiebelwürfeln geben.

3 Alles mit Olivenöl und Hefeflocken in einen Mixer geben und je nach Wunsch zu einer groben oder feinen Masse pürieren. Mit Zitronenschale und, falls gewünscht, mit Salz und Pfeffer abschmecken.

Kichererbsen-Curry-Aufstrich

Für ca. 550 g:
- 1 Zwiebel
- 1 Apfel
- 1 EL Kokosöl
- 3 TL süßes Currypulver
- 100 ml Gemüsefond
- 250 g Kichererbsen aus der Dose
- Evtl. Salz

1 Zwiebel schälen und in feine Würfel schneiden. Apfel waschen und ebenfalls in feine Würfel schneiden.

2 Kokosöl in einer Pfanne erhitzen und die Zwiebel- sowie die Apfelwürfel darin anschwitzen. Currypulver darüberstreuen und nach 2 Minuten mit dem Gemüsefond ablöschen.

3 Kichererbsen in ein Sieb abgießen und abtropfen lassen. Mit der Apfel-Zwiebel-Mischung in einem Mixer zu einer homogenen Masse mixen und mit Currypulver sowie, falls gewünscht, mit Salz abschmecken.

Hummus

Für ca. 750 g:
- 550 g Kichererbsen aus der Dose
- 3 Knoblauchzehen
- Ca. 8 EL Olivenöl
- Saft von ⅔ Zitrone
- 40 g Tahin (Sesampaste)
- Kreuzkümmel (Cumin)
- Edelsüßes Paprikapulver
- Evtl. Cayennepfeffer, Salz und Pfeffer
- ¼ Bund Petersilie

1 Kichererbsen in ein Sieb abgießen und abtropfen lassen. Knoblauch schälen. Beides mit Olivenöl, Zitronensaft und Tahin in einem Mixer zu einer geschmeidigen Masse pürieren. Mit Kreuzkümmel, Paprikapulver und, falls gewünscht, Cayennepfeffer, Salz sowie Pfeffer abschmecken.

2 Petersilie waschen, die Blättchen fein hacken. Vor dem Servieren über den Hummus der großen Esser streuen.

Kürbisketchup

Für ca. 400 ml:
- 400 g Hokkaidokürbis
- 300 g Romatomaten
- 50 g Schalotten
- 1 EL Ingwer, gerieben
- Ca. 4–5 EL Gemüsefond
- Ca. 2–3 EL Balsamico Bianco
- 6 Datteln ohne Kern, grob gehackt
- 1 TL süßes Currypulver
- Evtl. Salz

1 Kürbis waschen, entkernen und in Würfel schneiden. Tomaten waschen, Schalotten schälen; beides in feine Würfel schneiden.

2 Gemüsewürfel mit Ingwer, Gemüsefond und Balsamico in einen Topf geben und ca. 45 Minuten leicht köcheln lassen.

3 Die Masse mit den gehackten Datteln im Mixer pürieren und mit Curry sowie, falls gewünscht, mit Salz abschmecken.

4 In den Topf zurückfüllen, noch einmal kurz aufkochen lassen und anschließend in saubere Gläser abfüllen.

Mayonnaise

Für 400 ml:
- 200 ml Sojadrink, ungesüßt
- 250 ml neutrales Rapsöl
- 1 EL Balsamico Bianco
- 1 EL Senf
- 5 g gekörnte Gemüsebrühe
- Evtl. etwas Salz und Cayennepfeffer

1 Alle Zutaten in einem Standmixer verarbeiten und anschließend kühl stellen.

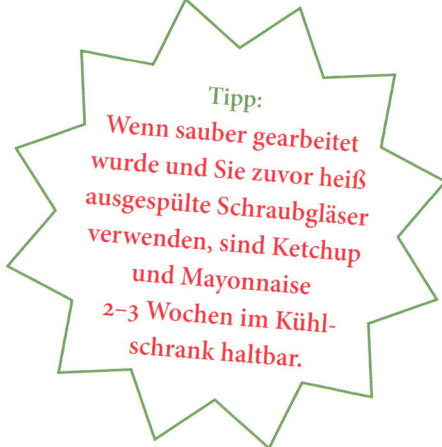

Tipp:
Wenn sauber gearbeitet wurde und Sie zuvor heiß ausgespülte Schraubgläser verwenden, sind Ketchup und Mayonnaise 2–3 Wochen im Kühlschrank haltbar.

Björn sagt:
Sollte die Masse zu flüssig sein, einfach etwas mehr Öl einarbeiten.

Auberginen-Streichcreme

Für ca. 400 g:
- 1 Aubergine
- 1 Zwiebel
- ½ Knoblauchzehe
- 2 EL Olivenöl extra vergine
- 60 g Tahin (Sesampaste)
- Balsamico Bianco
- Thymian
- Evtl. Salz

1 Ofen auf 200 °C vorheizen.

2 Aubergine waschen und ringsherum mit einer Gabel einstechen. In einer feuerfesten Form 35 bis 45 Minuten im Ofen schmoren. Abkühlen lassen und das Fruchtfleisch aus der Schale lösen.

3 Zwiebel und Knoblauch schälen, in kleine Würfel schneiden und in einer Pfanne im Olivenöl glasig dünsten. Mit Auberginenfruchtfleisch und Tahin im Mixer zu einer homogenen Masse verarbeiten und mit Balsamico, Thymian sowie, falls gewünscht, Salz abschmecken.

Mediterraner Streich

Für ca. 500 g:
- 50 g getrocknete Tomaten
- 400 g Tofu
- 120 g Ajvar
- 2 EL Paprikapulver
- 1 EL Hefeflocken
- 2 EL Olivenöl
- Evtl. Salz und Pfeffer

1 100 Milliliter Wasser in einem Topf zum Kochen bringen und die Tomaten darin 5 Minuten einweichen. Tofu in Stücke schneiden.

2 Die Tomaten abgießen und mit dem Tofu sowie den restlichen Zutaten im Mixer zu einer cremigen Masse verarbeiten. Falls gewünscht, mit Salz und Pfeffer abschmecken.

Kürbiscreme

Für ca. 500 g:
- 1 TL Koriandersamen
- 1 kg Hokkaidokürbis
- Salz und Pfeffer
- 250 ml Kokosmilch
- 1 TL Currypulver

1 Ofen auf 200 °C vorheizen.

2 Koriandersamen in einem Mörser zerstoßen. Kürbis waschen, halbieren, entkernen und grob hacken. Auf einem Backblech ausbreiten, mit zerstoßenem Koriander sowie mit Salz und Pfeffer bestreuen und für 10 bis 15 Minuten im Ofen backen.

3 Kürbisstücke in einen Mixer geben und mit der Kokosmilch pürieren. Mit Currypulver und, falls gewünscht, mit Salz und Pfeffer abschmecken.

Kartoffel-Champignon-Joghurt-Aufstrich

Für ca. 400 g:
- 250 g vorwiegend festkochende Kartoffeln
- Salz
- 150 g Champignons
- 1 Zwiebel
- 1 EL Kokosöl
- 120 g Soja»joghurt« Natur
- 2 TL edelsüßes Paprikapulver
- 1 Messerspitze geriebene Muskatnuss
- 1 EL Hefeflocken
- 3 EL Olivenöl
- Abgeriebene Schale von ¼ Bio-Zitrone
- Evtl. Pfeffer

1 Kartoffeln schälen, in Stücke schneiden und in Salzwasser gar kochen.

2 Pilze putzen, Zwiebel schälen und in feine Würfel schneiden. Das Öl in einer Pfanne erhitzen und Pilze sowie Zwiebelwürfel leicht darin schmoren.

3 Kartoffeln abgießen, mit einem Stampfer zerkleinern und mit der Pilz-Zwiebel-Mischung sowie den restlichen Zutaten – bis auf Zitronenabrieb, Pfeffer und Petersilie – mischen.

4 Mit Zitronenabrieb und, falls gewünscht, mit Salz und Pfeffer abschmecken.

Mais-Avocado-Aufstrich

Für ca. 200 g:
- ★ 50 g Romatomaten
- ★ ¼ Bund Petersilie
- ★ 1 reife Avocado
- ★ 1 TL Limettensaft
- ★ 50 g Mais aus der Dose
- ★ 1 Messerspitze Kala Namak, s. S. 39
- ★ Evtl. 1 Messerspitze Cayennepfeffer
- ★ Evtl. Salz und Pfeffer

1 Tomaten waschen und in Würfel schneiden. Petersilie waschen und die Blättchen fein hacken. Avocado halbieren, Kern und Schale entfernen und das Fruchtfleisch grob hacken. Mit Limettensaft beträufeln.

2 Mais in ein Sieb geben, abtropfen lassen und im Mixer grob zerkleinern. Mit Tomatenwürfeln und Petersilie zur Avocado geben.

3 Den Aufstrich mit Kala Namak und, falls gewünscht, mit Cayennepfeffer sowie Salz und Pfeffer abschmecken.

Baby spezial: Für Essanfänger bitte pürieren!

Veganer »Eiersalat«

Für 5 Portionen:
- ★ 60 g Spiralnudeln
- ★ Salz
- ★ 150 g Kichererbsen aus der Dose
- ★ 90 g Mayonnaise (z. B. Rezept Seite 62)
- ★ 2 Messerspitzen Kurkuma
- ★ ¼ Bund Schnittlauch
- ★ Kala Namak, s. S. 39
- ★ Evtl. Pfeffer

1 Nudeln in leicht gesalzenem Wasser gar kochen, abgießen, kalt abbrausen und abkühlen lassen.

2 Kichererbsen in ein Sieb geben und abtropfen lassen. Mit Mayonnaise und Kurkuma im Mixer fein pürieren. Nudeln hacken und mit dem Kichererbsenmus in eine Schüssel geben.

3 Schalotten schälen und in sehr feine Würfel hacken, Schnittlauch waschen und in feine Röllchen schneiden. Beides in die Schüssel geben und mit Kala Namak sowie, falls gewünscht, mit Salz und Pfeffer abschmecken.

Dazu passt: gewürfelte Zwiebel – aber nur für die Großen!

Veganer »Matjessalat«

Für ca. 5 Portionen

- ★ 200 g Aubergine
- ★ Salz
- ★ 1 Messerspitze Zitronenschale
- ★ ca. 2 g getrocknete und gemahlene Nori-Alge
- ★ Evtl. Pfeffer
- ★ 1 EL Kokosöl
- ★ 2 EL Gurkenwasser
- ★ 2 EL Balsamico Bianco
- ★ ½ Apfel, für Essanfänger gedünstet
- ★ 3 saure Gurken
- ★ 100 g Mayonnaise (z. B. Rezept S. 62)
- ★ ½ TL Dill, fein gehackt
- ★ ½ EL Zitronensaft

1 Aubergine schälen, in Streifen schneiden, etwas salzen und 20 Minuten ziehen lassen.

2 Zitronenschale, Nori-Algen und, falls gewünscht, etwas Pfeffer über die Auberginenstreifen streuen. Das Kokosöl in einer Pfanne erhitzen und die Auberginenstreifen sanft darin braten, bis sie weich sind. Mit Gurkenwasser und der Hälfte des Balsamico ablöschen und abkühlen lassen.

3 Apfel und Gurken in sehr feine Würfel schneiden. Auberginen und Mayonnaise dazugeben und mit restlichem Balsamico, Dill, Zitronensaft und, falls gewünscht, mit Salz und Pfeffer abschmecken. Für die Großen sind Zwiebelwürfel ein Upgrade.

Snacks & Fingerfood

Panini

Für 4 Portionen:
- 200 g Rucola
- 100 g Pinienkerne
- 1 EL Hefeflocken
- 2 EL Olivenöl
- Saft von ¼ Zitrone
- Evtl. Salz und Pfeffer
- 10 Tomaten
- 1 Avocado
- 8 Scheiben Vollkorntoastbrot

1 Rucola waschen und grob hacken. Mit Pinienkernen, Hefeflocken und Olivenöl im Mixer pürieren. Mit Zitronensaft und, falls gewünscht, mit Salz und Pfeffer abschmecken.

2 Tomaten waschen und in Scheiben schneiden. Avocado halbieren, Kern und Schale entfernen und ebenfalls in Scheiben schneiden.

3 Das Rucolapesto auf die Toastbrotscheiben streichen. Tomaten- und Avocadoscheiben auf jeweils eine Brotscheibe geben und mit einer zweiten bedecken.

4 In einem Kontaktgrill, im Ofen oder in der Pfanne (ohne Fett) grillen, bis die Brote die gewünschte goldbraune Farbe haben.

Zucchinimuffins

glutenfrei

Für 12 Muffins:
- 300 g Kichererbsenmehl
- 75 g Reismehl
- ½ TL Kurkuma
- ½ TL gemahlener Koriander
- 1 Messerspitze gemahlener Kreuzkümmel (Cumin)
- 1 Messerspitze geriebene Muskatnuss
- 1 TL Backpulver
- 350 ml Gemüsefond
- 2 rote Zwiebeln
- 250 g Zucchini
- Ca. 1 EL Olivenöl
- 1 TL getrockneter Thymian
- ½ TL getrockneter Rosmarin
- Evtl. Salz und Pfeffer
- Saft von ½ Limette
- Fett für die Form

1 Ofen auf 180 °C vorheizen.

2 Mehl, Gewürze und Backpulver gut vermischen, Gemüsefond dazugeben und zu einem Teig verarbeiten.

3 Zwiebeln schälen und in feine Würfel schneiden. Zucchini waschen und in feine Stifte schneiden. Das Olivenöl in einer Pfanne leicht erhitzen und das Gemüse darin anschwitzen. Mit Thymian, Rosmarin und, falls gewünscht, mit Salz und Pfeffer würzen und mit Limettensaft ablöschen. Das Gemüse vorsichtig unter den Teig rühren und diesen in ausgefettete Muffinformen füllen. 30 bis 35 Minuten im Ofen backen.

Baby spezial: Servieren Sie absoluten Essanfängern erst mal einfache Toastbrotstreifen (»Finger«) mit Pesto und Avocado darauf.

Deftige Blätterteigschnecken

Für 30 Stück:
- ★ 2 Scheiben Blätterteig (TK)
- ★ 1 rote Zwiebel
- ★ 200 g Räuchertofu
- ★ 1 EL Kokosöl
- ★ 100 g Soja»joghurt«, ungesüßt
- ★ 1 TL Speisestärke
- ★ 1 Messerspitze geriebene Muskatnuss
- ★ Evtl. Salz und Pfeffer
- ★ ½ Bund Petersilie

1 Blätterteig antauen lassen. Zwiebel schälen und in feine Würfel schneiden. Tofu in Streifen schneiden und mit den Zwiebeln in einer Pfanne in Kokosöl anbraten, bis die Zwiebeln Farbe bekommen. Vom Herd nehmen.

2 Soja»joghurt« mit Stärke vermischen und in eine Schüssel geben. Zwiebel-Tofu-Mischung dazugeben, alles vermengen und mit Muskat sowie, falls gewünscht, Salz und Pfeffer abschmecken. Petersilie waschen, Blättchen fein hacken und unter die Masse rühren.

3 Blätterteig ausrollen, die Masse darauf verteilen, den Teig zu einer Rolle formen und für 20 bis 30 Minuten ins Tiefkühlfach legen. Ofen auf 210 °C vorheizen.

4 Rolle in 1 Zentimeter dicke Scheiben schneiden und etwa 15 Minuten backen.

Veggiewürstchen im Schlafrock

Für 6 Portionen:
- ★ 1 Zwiebel
- ★ 1 EL Kokosöl
- ★ 200 g Tomatenmark
- ★ 2 EL Weißweinessig
- ★ Je 1 Messerspitze Piment und Nelkenpulver
- ★ 2 Messerspitzen süßes Currypulver
- ★ Evtl. ½ TL Salz
- ★ 2 Scheiben Blätterteig (TK)
- ★ 200 g Veggiewürstchen
- ★ Evtl. 1 TL Schwarzkümmel

1 Zwiebel schälen, in feine Würfel schneiden und in einem Topf in Kokosöl glasig dünsten. Tomatenmark und Weißweinessig dazugeben und 2 Minuten anschwitzen. 100 Milliliter Wasser dazugeben und geschlossen 20 Minuten köcheln lassen. Mit Piment, Nelke, Curry und, falls gewünscht, Salz abschmecken und abkühlen lassen.

2 Blätterteig auftauen. Anschließend ausrollen und in 10 Streifen schneiden. Streifen mit dem Ketchup bestreichen, Würstchen mit einer Gabel einstechen, in je einen Streifen einwickeln und gut verschließen.

3 Die Rollen mit Wasser bestreichen und für die Großen mit Schwarzkümmel bestreuen. Bei 180 °C Umluft etwa 20 Minuten auf mittlerer Schiene im Ofen backen.

Orientalischer Blumenkohl

Für 4 Portionen:
- 1,5 kg Blumenkohl
- Salz
- 1 rote Zwiebel
- 4 EL Kokosöl
- 2 TL Currypulver Madras
- 120 g Rosinen (nur für große Esser!)
- 2 EL Reisessig
- Evtl. Pfeffer

Für große Esser:
- 60 g Pinienkerne
- 60 g Sonnenblumenkerne
- 1/2 Bund Blattpetersilie

1 Blumenkohl waschen, in gut greifbare Röschen teilen und 10 Minuten in Salzwasser sieden lassen. Anschließend abgießen.

2 Zwiebel schälen und in grobe Stücke schneiden. Kokosöl in einer Pfanne erhitzen und Zwiebeln darin glasig dünsten. Currypulver und Rosinen dazugeben und 1 Minute anschwitzen. Blumenkohlröschen dazugeben und ebenfalls anschwitzen. Reisessig unterrühren. Falls gewünscht, mit Salz und Pfeffer abschmecken.

3 Für die großen Esser Pinien- und Sonnenblumenkerne in einer Pfanne ohne Fett rösten. Petersilie waschen, klein hacken und mit den Kernen über den Blumenkohl geben. Kleinen Essanfängern bitte wirklich *nur* Blumenkohlröschen reichen, keine Rosinen- sie könnten sich daran verschlucken!

Kartoffelrösti

Für 4 Portionen:
- 1 kg Kartoffeln
- 60 g Zwiebeln
- Evtl. Salz und Pfeffer
- Ca. 5 EL Albaöl, s. S. 39

1 Tag Vorlauf

1 Kartoffeln am Vortag mit Schale gar kochen und über Nacht im Kühlschrank lagern.

2 Am nächsten Tag die Kartoffeln pellen und grob raspeln. Zwiebeln schälen, fein würfeln und unter die Kartoffelmasse heben. Falls gewünscht, mit Salz und Pfeffer würzen.

3 Das Albaöl in einer Pfanne bei mittlerer Temperatur erhitzen und die Rösti darin braun und knusprig braten.

Björn sagt:
Zum Wenden der Rösti benutze ich einen Teller, den ich auf die ungebratene Seite der Rösti lege. Dann drehe ich die Pfanne um und lasse die Rösti anschließend wieder vom Teller in die Pfanne rutschen. Es können auch frische geriebene Kartoffeln verwendet werden. Die Ausbackzeit erhöht sich dadurch aber enorm.

Tipp: Schmeckt warm und auch kalt sehr gut und ist als Snack ein totales Highlight!

Wie Fischstäbchen

Für 4 Portionen:
- 700 g Knollensellerie
- Salz
- 60 ml Haferdrink, ungesüßt
- 1 EL Zitronensaft
- 40 ml Hafercuisine
- 30 g Dinkelmehl
- Pfeffer
- 200 g Pankomehl, s. S. 39
- 75 ml Kokosöl
- 25 ml Albaöl, s. S. 39

1 Sellerie schälen und in dicke Stifte schneiden. Leicht gesalzenes Wasser zum Kochen bringen, Sellerie darin weich garen und in kaltem Wasser abkühlen lassen.

2 Haferdrink, Zitronensaft, Hafercuisine und Dinkelmehl verrühren und mit Salz und Pfeffer würzen. Sellerie in die Mischung tauchen, abtropfen lassen und im Pankomehl wenden.

3 Kokos- und Albaöl in einer Pfanne erhitzen und die panierten Selleriestifte darin goldgelb ausbacken.

Hackbällchen

glutenfrei

Für 4 Portionen:

Für die Gewürzpaste:
- 80 g Zwiebeln
- 1 Knoblauchzehe
- 80 g Karotten
- 1 Paprikaschote
- 1 EL Kokosöl
- 1 TL Senf
- 1 TL Tomatenmark
- 1 TL Rote-Bete-Pulver
- 1 TL geräuchertes Paprikapulver
- ½ TL Balsamico Bianco

Für die Hackbällchen:
- 100 g Sojagranulat
- Salz
- 100 g Tofu Natur
- Etwas Sojadrink, ungesüßt
- 3 EL Klebreismehl
- Evtl. Pfeffer
- 4 EL Kokosöl zum Braten

1 Für die Gewürzpaste Gemüse schälen bzw. waschen, putzen und in feine Würfel schneiden. Kokosöl in einer Pfanne erhitzen und das Gemüse darin scharf rösten. Mit den restlichen Zutaten im Mixer zu einer Paste verarbeiten.

2 Für die Hackbällchen Sojagranulat mit so viel kochendem Salzwasser überbrühen, dass es gerade benetzt ist. Andrücken und 5 Minuten quellen lassen. Tofu im Mixer mit ein wenig Sojadrink zu einer Paste pürieren. Gewürz- und Tofupaste mit dem Sojagranulat und dem Klebreismehl zu einer homogenen Masse verarbeiten. Masse zu kleinen Bällchen formen. Kokosöl in einer Pfanne erhitzen und die Sojahackbällchen bei mittlerer Temperatur gleichmäßig darin anbraten.

Björn sagt:
Klebreismehl gibt es im Asialaden oder Internet – es dient hervorragend zur weizenfreien Bindung. Sojagranulat, auch Sojaschnetzel oder Sojahack genannt, bekommt man in jedem Naturkostladen. Gut zubereitet liefert es einen wunderbar deftigen Umami-Geschmack.

Quinoa-Reis-Taler

Für 4 Portionen:
- 50 g Knollensellerie
- 50 g Karotten
- 75 g Zwiebel
- 2 EL Olivenöl
- 100 g roter Quinoa
- 50 g Reis
- 500 ml Gemüsefond
- 1 TL Tomatenmark
- 1 EL Dijon-Senf
- 3 EL Klebreismehl, s. Tipp Seite 79
- 1 TL Paprikapulver
- Evtl. Rauchsalz und Pfeffer
- 4 EL Kokosöl

1 Gemüse waschen bzw. schälen und in feine Würfel schneiden. Olivenöl in einem Topf auf mittlere Temperatur erhitzen und die Gemüsewürfel darin leicht braun braten.

2 Quinoa waschen, anschließend mit dem Reis in den Topf geben und 1 Minute anschwitzen. Mit Gemüse samt Fond vermengen, 15 bis 20 Minuten köcheln lassen und kalt stellen.

3 Die Masse mit Tomatenmark, Dijon-Senf und Klebreismehl vermengen, mit Paprikapulver und, falls gewünscht, Rauchsalz sowie Pfeffer abschmecken. Zu Talern formen und im Kokosöl bei mittlerer Hitze goldgelb braten.

Express-Falafel

Für 8 Falafel:
- 1 Zwiebel
- 1 Knoblauchzehe
- 1 EL Kokosöl
- Kreuzkümmel (Cumin)
- Evtl. Salz und Pfeffer
- 270 g Kichererbsen aus der Dose
- ½ Bund Petersilie
- 2 EL Kichererbsenmehl
- Kokosöl zum Ausbacken

1 Zwiebel und Knoblauch schälen, würfeln und im Kokosöl andünsten. Mit Kreuzkümmel und, falls gewünscht, mit Salz und Pfeffer würzen und abkühlen lassen.

2 Kichererbsen in ein Sieb abgießen und abtropfen lassen. Mit dem Kartoffelstampfer fein stampfen. Petersilie waschen, die Blättchen fein hacken. Mit der Zwiebelmischung und dem Kichererbsenmehl unter die Kichererbsenmasse mischen und ggf. nachwürzen.

3 Teig mit angefeuchteten Händen zu Bällchen formen und in reichlich Kokosöl goldbraun ausbacken.

Blätterteig-Schiffchen mit Spinat und Tofu-Feta

Für 12 Stück:
- 200 g Tofu Natur
- 1 EL Balsamico Bianco
- Salz
- 1 Zwiebel
- 1 rote Paprikaschote
- 200 g frischer Spinat
- 1 EL Kokosöl
- Geriebene Muskatnuss
- Evtl. Pfeffer
- 3 Scheiben Blätterteig
- Fett für die Form

Baby spezial: Die fertig zubereitete Tofu-Spinat-(Pinienkern)-Mischung vor dem Einfüllen in die Förmchen pürieren!

1 Tag Vorlauf

1 Am Vortag Tofu in feine Würfel schneiden und mit Balsamico in einen Topf geben. Mit leicht gesalzenem Wasser übergießen. Aufkochen, vom Herd nehmen und über Nacht kühl stellen.

2 Zwiebel schälen, Paprika waschen und beides in feine Würfel schneiden. Spinat waschen und sehr fein hacken. Das Kokosöl in einer Pfanne erhitzen und die Zwiebelwürfel darin anschwitzen. Paprika und Spinat dazugeben und einköcheln lassen, bis das überschüssige Wasser verkocht ist. Mit Muskat und, falls gewünscht, mit Salz und Pfeffer würzen, abkühlen lassen.

3 Ofen auf 170 °C vorheizen. Blätterteig antauen lassen, ausrollen und in je 4 Quadrate schneiden. Eine Muffinform einfetten und mit dem Blätterteig auslegen.

4 Tofu abtropfen lassen, unter die Spinatmasse heben und abschmecken. Masse in die Formen füllen und 12 bis 15 Minuten im Ofen backen.

Björn sagt:
Falls Sie die Schiffchen ausschließlich für größere und schon geübte Esser zubereiten, können Sie noch 4 Esslöffel Pinienkerne in einer heißen Pfanne ohne Fett goldbraun rösten und dann unter die Tofu-Spinat-Masse heben.

Suppen

Tomaten-Kokos-Suppe

Für 4 Portionen:
- ★ 2 Zwiebeln
- ★ 2 EL Olivenöl
- ★ 30 g Tomatenmark
- ★ 1 kg Tomaten in Stücken
- ★ 500 ml Gemüsefond
- ★ 500 ml Kokosmilch
- ★ 2 EL getrocknetes Basilikum
- ★ Evtl. Salz und Pfeffer

1 Zwiebeln schälen, würfeln und in einem Topf mit dem Olivenöl anschwitzen. Sobald die Zwiebeln Farbe nehmen, das Tomatenmark dazugeben und 2 bis 3 Minuten andünsten. Tomatenstücke in den Topf geben und alles 5 Minuten einkochen lassen. Mit Gemüsefond und Kokosmilch auffüllen und 15 Minuten auf kleiner Flamme kochen.

2 Suppe in einem Stand- oder mit einem Stabmixer glatt pürieren und Basilikum unterrühren. Falls gewünscht, mit Salz und Pfeffer abschmecken.

Dal

Für 6 Portionen:
- ★ 2 große Karotten
- ★ 1 mittelgroßer Kohlrabi
- ★ 150 g Sellerie
- ★ 10 g Ingwer, gerieben
- ★ ½ TL Schwarzkümmel
- ★ ½ TL Senfsaat
- ★ 2 EL Kokosöl
- ★ 1 Zehe Knoblauch
- ★ 1 EL Gemüsebrühpulver
- ★ 1 EL Currypulver
- ★ 500 g rote Linsen
- ★ Evtl. Salz

1 Das Gemüse schälen und in grobe Würfel schneiden.

2 Den Schwarzkümmel und die Senfsaat in einem heißen Topf kurz ohne Öl anrösten. Das Öl, Gemüse und den angestoßenen Knoblauch mit dazugeben und für 2 bis 3 Minuten unter Rühren anrösten. Linsen, Gemüsebrühe und Currypulver dazugeben und weitere 1 bis 2 Minuten anrösten.

3 1,5 l Wasser aufgießen, alles ca. 20 Minuten köcheln lassen, bis die Linsen weichgekocht sind.

4 Falls gewünscht mit Salz abschmecken und z. B. mit Naan-Brot servieren.

Baby spezial: Essanfängern kann man so eine Suppe gut in einem kleinen dickwandigen Trinkgefäß – am besten mit zwei gut greifbaren Henkeln – anbieten und die Einlage extra reichen.

Erbsencremesuppe mit Räuchertofu

Für 4 Portionen:
★ 1 Zwiebel
★ 1 cm Ingwer
★ 2 EL Kokosöl
★ 300 g Erbsen (TK)
★ 750 ml Gemüsebrühe
★ 150 ml Hafercuisine
★ Evtl. Salz und Pfeffer
★ 200 g Räuchertofu
★ 4 Schalotten
★ Evtl. ¼ Bund Petersilie

1 Zwiebel und Ingwer schälen, fein würfeln und in einer Pfanne in 1 Esslöffel Kokosöl andünsten. Erbsen und Gemüsebrühe zugeben und etwa 8 Minuten bei mittlerer Hitze köcheln lassen. Vom Herd nehmen, Hafercuisine zugeben, mit einem Mixer fein pürieren und durch ein Sieb passieren. Falls gewünscht, mit Salz und Pfeffer abschmecken.

2 Für größere Esser: Räuchertofu in feine Streifen schneiden. Schalotten schälen und in feine Ringe schneiden. Beides in einer beschichteten Pfanne im restlichen Kokosöl knusprig braten.

3 Petersilie waschen, hacken und mit der abgekühlten Tofu-Schalotten-Mischung als Einlage verwenden.

Steckrübensuppe

Für 4 Portionen:
★ 500 g Steckrüben
★ 150 g Knollensellerie
★ 1 mittelgroße Kartoffel
★ 1 mittelgroße Zwiebel
★ 1 EL Albaöl, s. S. 39
★ 2 EL Kokosöl
★ 750 ml Gemüsefond
★ 200 ml Kokosmilch
★ Geriebene Muskatnuss
★ Evtl. Salz und Pfeffer

1 Steckrüben, Sellerie, Kartoffel und Zwiebel schälen und in Würfel schneiden. Alba- und Kokosöl in einem Topf erhitzen und die Würfel darin anschwitzen. Sobald das Gemüse Farbe bekommt, mit Gemüsefond aufgießen und bei mittlerer Temperatur 15 Minuten köcheln lassen.

2 Das weich gekochte Gemüse mit der Kokosmilch in einem Mixer fein pürieren. Sollte die Suppe zu sämig sein, noch etwas Gemüsefond dazugeben, bis die gewünschte Konsistenz erreicht ist. Mit Muskat und, falls gewünscht, mit Salz und Pfeffer abschmecken.

Bohneneintopf

Für 4 Portionen:
- 300 g grüne Bohnen
- 150 g Karotten
- 1 Zwiebel
- 150 g Kartoffeln
- 150 g Räuchertofu
- 1 EL Kokosöl
- Evtl. Salz und Pfeffer
- 1 l Gemüsefond
- ½ TL Bohnenkraut

1 Bohnen und Karotten waschen. Zwiebel und Kartoffeln schälen. Alles in grobe Stücke oder Würfel schneiden. Räuchertofu in kleine Würfel schneiden.

2 Tofu- und Zwiebelwürfel in einer Pfanne in Kokosöl anschwitzen, bis die Zwiebeln leicht Farbe nehmen. Karotten und Kartoffeln dazugeben – falls gewünscht, mit Salz und Pfeffer würzen – und 1 Minute anschwitzen. Mit Gemüsefond aufgießen und aufkochen lassen.

3 Bohnen und Bohnenkraut zur Suppe geben und ca. 15 Minuten köcheln lassen. Ggf. nochmals abschmecken.

Rote-Bete-Suppe

Für 4 Portionen:
- 500 g Rote Bete
- 1 Zwiebel
- 2 Karotten
- ½ Stange Lauch
- 2 EL Kokosöl
- ½ TL getrockneter Majoran
- ½ TL getrockneter Thymian
- 1 l Gemüsefond
- 100 ml Kokosmilch
- Saft von ½ Zitrone
- Evtl. Salz und Pfeffer

1 Rote Bete und Zwiebel schälen, Karotten waschen. Alles in feine Würfel schneiden. Lauch waschen und in feine Streifen schneiden.

2 Kokosöl in einem Topf erhitzen und die Rote-Bete-Würfel 5 Minuten darin anschwitzen. Das restliche Gemüse sowie Majoran und Thymian dazugeben und alles nochmals 5 Minuten anschwitzen. Gemüsefond angießen und auf kleiner Hitze ca. 30 Minuten köcheln lassen, bis das Gemüse weich ist.

3 Mit der Kokosmilch im Mixer pürieren und mit Zitronensaft sowie, falls gewünscht, mit Salz und Pfeffer abschmecken.

Avocado-Gazpacho

Für 2 Portionen:
- 1 reife Avocado
- 4 Minzeblätter
- Saft von ¼ Zitrone
- 1 EL Hefeflocken
- ½ TL Misopaste

1 Avocado halbieren und entkernen. Das Fruchtfleisch mit einem Löffel aus der Schale kratzen und in einen Mixer geben. Minzeblätter waschen.

2 750 Milliliter Wasser, Zitronensaft, Hefeflocken, Misopaste und Minzeblätter zur Avocado in den Mixer geben und alles bei höchster Stufe sämig pürieren. Sollte die Suppe zu dick sein, nochmals 250 Milliliter Wasser zugeben.

3 Die Suppe kalt servieren.

Hokkaido-Cremesuppe

Für 4 Portionen:
- ½ kg Hokkaidokürbis
- ½ Zwiebel
- 1 EL Kokosöl
- 400 ml Gemüsefond
- 1 Stiel Zitronengras
- 200 ml Kokosmilch
- Evtl. Salz und Pfeffer

1 Kürbis waschen, vierteln, entkernen und in Würfel schneiden.

2 Zwiebel schälen und ebenfalls in Würfel schneiden. Kokosöl in einem Topf erhitzen und die Zwiebelwürfel darin anschmoren. Kürbis dazugeben und kurz mitschmoren, dann mit dem Gemüsefond aufgießen. Zitronengras mit dem Messerrücken leicht zerdrücken und zum Kürbis geben. Aufkochen und köcheln lassen, bis der Kürbis weich ist.

3 Zitronengras entfernen, die Suppe mit dem Mixer fein pürieren und zum Schluss die Kokosmilch unterrühren. Falls gewünscht, mit Salz und Pfeffer abschmecken.

Variante: Für eine Einlage für größere Esser 2 Esslöffel Kürbiskerne in einer Pfanne ohne Fett leicht rösten, 2 Esslöffel Wasser und 1 Teelöffel Rohrohrzucker dazugeben und umrühren, bis das Wasser verkocht ist.

Kartoffel-Karotten-Suppe

Für 4 Portionen:
- 250 g Kartoffeln
- 50 g Knollensellerie
- 1 Zwiebel
- 200 g Karotten
- 2 EL Rapsöl
- 1 TL Albaöl, s. S. 39
- 1 l Gemüsefond
- 1 TL getrockneter Majoran
- geriebene Muskatnuss
- Evtl. Salz und Pfeffer

1 Kartoffeln, Sellerie und Zwiebel schälen. Karotten waschen. Alles in feine Würfel schneiden.

2 Raps- und Albaöl in einem Topf erhitzen und Zwiebeln sowie Sellerie darin glasig dünsten. Kartoffeln und Karotten zugeben und kurz mitdünsten. Mit Gemüsefond ablöschen und ca. 20 Minuten köcheln lassen.

3 Die Suppe im Mixer pürieren und mit Majoran, Muskat und, falls gewünscht, Salz und Pfeffer abschmecken.

Variante: Für eine mögliche Einlage für große Esser eine Pfanne ohne Öl erhitzen und 40 Gramm Sonnenblumenkerne darin goldbraun rösten. ¼ Beet Gartenkresse schneiden und mit den Sonnenblumenkernen zur Suppe geben.

Spargelcremesuppe

Für 4 Portionen:
- 1 kg Spargel
- Evtl. 1 EL Rohrohrzucker
- ½ Scheibe Toastbrot
- 2 Schalotten
- 3 EL Albaöl, s. S. 39
- Evtl. Salz und weißer Pfeffer
- Etwas Speisestärke
- 100 ml Sojacuisine

1 Spargel schälen, dabei die Schalen aufbewahren. Schalen mit, Toastbrot und, falls gewünscht, Rohrohrzucker in einen Topf geben und mit kaltem Wasser soweit übergießen, dass die Schalen bedeckt sind. Bis kurz vor den Siedepunkt erhitzen und 30 Minuten sieden lassen. Durch ein Haarsieb gießen, den Spargelfond dabei auffangen.

2 Schalotten schälen und fein würfeln. Albaöl im Topf erhitzen und die Schalottenwürfel darin glasig dünsten. Spargel in Stücke schneiden, dazugeben und mit anschwitzen. Mit Spargelfond aufgießen, aufkochen und 10 Minuten köcheln lassen.

3 Einige Spargelstücke als Einlage zur Seite legen, den Rest im Mixer fein pürieren. Falls gewünscht, mit Salz und Pfeffer würzen. Erneut im Topf aufkochen. Speisestärke mit etwas kaltem Wasser verrühren und so viel in die kochende Suppe geben, bis die richtige Konsistenz erreicht ist. Mit der Sojacuisine verfeinern.

Gurkenkaltschale

Für 4 Portionen:
- 2 Bio-Salatgurken
- 500 g Soja»joghurt«, ungesüßt
- ½ Bund Dill
- Evtl. Salz und Pfeffer

1 Gurken waschen und klein schneiden. Mit dem Soja»joghurt« im Standmixer oder mit dem Pürierstab stückig pürieren.

2 Dill waschen. Blättchen abzupfen und sehr fein hacken. Unter die Gurkenmischung rühren und die Kaltschale, falls gewünscht, mit Salz und Pfeffer würzen.

Baby spezial:
Den Dill wirklich sehr fein hacken oder gleich mitpürieren!

Gemüsefond

Für 400 ml:
- 1 Zwiebel
- 20 g Karotten
- 100 g Lauch, ca. 2 Stangen
- 100 g Knollensellerie
- 3 Wacholderbeeren
- 2 Lorbeerblätter
- 1 Gewürznelke
- 5 schwarze Pfefferkörner
- Evtl. Salz

1 Zwiebel mit Schale halbieren. Karotten und Lauch waschen, Sellerie schälen. Karotten, Lauch und Sellerie in grobe Würfel schneiden.

2 Zwiebel in einem Topf ohne Fett bei mittlerer Hitze auf der Schnittfläche schmoren, bis diese leicht braun ist. Das restliche Gemüse, die Gewürze und 500 Milliliter kaltes Wasser dazugeben und alles zum Sieden bringen. 5 Minuten köcheln lassen, von der Flamme nehmen und weitere 10 Minuten ziehen lassen.

3 Ein Sieb mit einem Passiertuch auslegen und den Gemüsefond abseihen. Falls gewünscht, mit Salz abschmecken.

Rohkost-Tomatencremesuppe mit Fenchel

Für 4 Portionen:
- ★ 100 g Cashewnüsse
- ★ 1 Fenchelknolle
- ★ 4 Zweige Thymian
- ★ Saft von ½ Zitrone
- ★ 2 EL Olivenöl
- ★ Salz und Pfeffer
- ★ ½ Bund Basilikum
- ★ 180 g getrocknete Tomaten in Öl
- ★ 1 TL Knoblauchöl

für fortgeschrittene Esser

1 Tag Vorlauf

1 Cashewnüsse über Nacht einweichen.

2 Für die Fencheleinlage Fenchel waschen, hobeln und in eine Schüssel geben. Thymian waschen, die Blättchen abzupfen. Fenchel mit Zitronensaft, Olivenöl und mit ¾ des Thymians vermischen, mit Salz und Pfeffer würzen und 15 Minuten ziehen lassen.

3 Cashewnüsse abgießen. Basilikum waschen, die Blätter abzupfen. Nüsse, Basilikum und restlichen Thymian mit Tomaten und Knoblauchöl in einen Standmixer geben und 3 bis 4 Minuten bei maximaler Leistung unter Zugabe von Wasser pürieren, bis die gewünschte Konsistenz und Temperatur erreicht sind. Falls gewünscht, mit Salz und Pfeffer abschmecken.

4 Fencheleinlage in tiefen Tellern anrichten und die Suppe angießen.

Baby spezial:
Für Essanfänger etwas Fenchel in gut greifbaren Stücken (nicht allzu) weich dünsten – die meisten Babys mögen den Geschmack und »zuzeln« gern daran herum.

Hauptgerichte

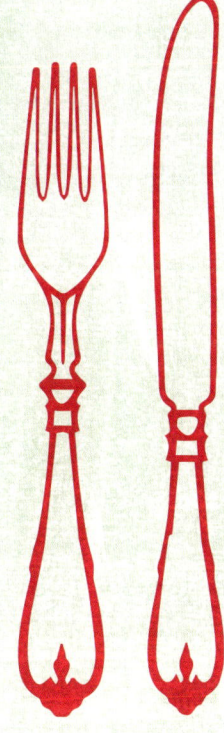

Ofengemüse mit Gurke-Joghurt-Dip

Für 4 Portionen:
- ★ 2 Paprikaschoten
- ★ 2 Zucchini
- ★ 4 Kartoffeln
- ★ 2 Tomaten
- ★ 1 Zweig Rosmarin
- ★ 2 Zweige Thymian
- ★ 3 EL Olivenöl
- ★ Evtl. Salz und Pfeffer
- ★ ½ Salatgurke
- ★ ½ Bund Dill
- ★ 200 g Soja»joghurt«, ungesüßt

1 Gemüse waschen bzw. schälen und in grobe Stücke schneiden. Rosmarin und Thymian waschen, die Zweige ggf. teilen und mit dem Olivenöl zum Gemüse geben. Gut durchmischen und auf einem Backblech verteilen. Falls gewünscht, mit Salz und Pfeffer würzen. 15 Minuten bei 180 °C auf mittlerer Schiene im Ofen backen.

2 Gurke waschen und in feine Stifte schneiden, etwas salzen und 10 Minuten ziehen lassen. Dill waschen, sehr fein hacken und mit dem Soja»joghurt« zur Gurke geben. Falls gewünscht, mit Salz und Pfeffer abschmecken.

3 Das Gemüse aus dem Ofen nehmen, die Kräuterzweige vor dem Servieren entfernen und den Gurken-Joghurt-Dip zum Ofengemüse reichen.

Linsenpfanne mit mediterranem Gemüse

Für 4 Portionen:
- ★ 2 Zucchini
- ★ 2 gelbe Paprikaschoten
- ★ 4 Tomaten
- ★ 2 Frühlingszwiebeln
- ★ 1 EL frischer Salbei
- ★ 1 EL Kokosöl
- ★ 300 g rote Linsen
- ★ Je 2 TL getrockneter Liebstöckel und Thymian
- ★ 400 ml Gemüsebrühe
- ★ Etwas gerebeltes Basilikum
- ★ 1 EL Speisestärke
- ★ Evtl. Salz und Pfeffer

1 Zucchini, Paprika, Tomaten und Frühlingszwiebeln waschen und in feine Würfel schneiden. Salbei waschen und fein hacken. In einem Topf das Kokosöl erhitzen und die Zucchini- und Paprikawürfel mit dem Salbei 3 Minuten darin anschwitzen.

2 Linsen, Liebstöckel, Thymian und Frühlingszwiebeln in den Topf geben und weitere 3 Minuten andünsten. Tomatenwürfel dazugeben, mit Gemüsebrühe ablöschen und mit Basilikum würzen. Ca. 10 Minuten auf kleiner Flamme köcheln lassen.

3 Speisestärke mit etwas kaltem Wasser vermischen und so viel unter ständigem Rühren in den Topf geben, bis eine sämige Konsistenz erreicht ist. Falls gewünscht, mit Salz und Pfeffer abschmecken.

Baby spezial: Die Paprika in große, gut greifbare Stücke schneiden – so funktionieren sie wunderbar als Löffel für den Gurke-Joghurt-Dip.

Ratatouille mit Maistalern

Für 4 Portionen:
- ½ Zwiebel
- 2 EL frischer Salbei
- Ca. 7–8 EL Albaöl, s. S. 39
- 100 ml Haferdrink, ungesüßt
- 200 ml Gemüsebrühe
- Evtl. Salz und Pfeffer
- 200 g Polenta (Maisgrieß)
- 1 Aubergine
- 2 Zucchini
- 3 gemischte Paprikaschoten
- 6 Tomaten
- 4 EL Olivenöl
- Ca. 2 EL Tomatenmark
- 1 TL frischer Rosmarin
- 1 EL frischer Thymian

1 Zwiebel schälen und in feine Würfel schneiden. Salbei waschen und fein hacken. Albaöl in einem Topf erhitzen und Zwiebelwürfel sowie die Hälfte der Salbeiblätter darin anschwitzen. Haferdrink und Gemüsebrühe dazugeben und aufkochen; falls gewünscht, mit Salz und Pfeffer würzen.

2 Ein Backblech mit Frischhaltefolie auslegen. Mit einem Schneebesen den Grieß unter die Zwiebelmischung rühren und die Masse für 1 Minute unter ständigem Rühren köcheln lassen (Achtung – kann spritzen!). Noch heiß 2 Zentimeter dick auf das Blech streichen, dann kalt stellen.

3 Aubergine waschen und in Stücke schneiden. Auf Küchenpapier legen, etwas salzen und 10 Minuten ziehen lassen. Restliches Gemüse waschen und in mundgerechte Stücke schneiden.

4 In einer großen Pfanne Olivenöl erhitzen und Aubergine sowie Zucchini darin anbraten. Paprika dazugeben und alles für ca. 5 Minuten kräftig weiterbraten. Tomatenmark und Tomaten dazugeben. Rosmarin und Thymian waschen und fein hacken. Mit den restlichen Salbeiblättern unter die Gemüsemischung rühren. Falls gewünscht, mit Salz und Pfeffer würzen. Alles etwa 10 Minuten leicht köcheln lassen.

5 Die erkaltete Polenta in Formen schneiden und in etwas Olivenöl in einer Pfanne von beiden Seiten goldbraun braten. Zur Ratatouille reichen.

Baby spezial: Die Haut auf den gebratenen Paprikastücken lässt sich leicht abziehen – sie sind dann leichter im Mund zu zerkleinern!

Kürbisgnocchi mit Kräuterseitlingen

Für 6 Portionen:
- 400 g vorwiegend festkochende Kartoffeln
- 400 g Hokkaidokürbis
- Salz
- 450 g Mehl
- 75 g Grieß
- 4 Zweige Thymian
- 2 Stängel Basilikum
- Geriebene Muskatnuss
- 200 g Kräuterseitlinge
- 3 Frühlingszwiebeln
- 1 Zweig Rosmarin
- 100 g Cherrytomaten
- 3 EL Olivenöl
- Evtl. Pfeffer

1 Kartoffeln schälen, Kürbis waschen und entkernen. Beides in grobe Würfel schneiden und in Salzwasser weich kochen. Noch warm durch die Kartoffelpresse geben und sofort mit Mehl und Grieß vermischen.

2 Thymian und Basilikum waschen, die Blätter fein hacken. Unter die Masse heben und mit Muskat sowie, falls gewünscht, mit Salz würzen.

3 Gnocchimasse auf einer bemehlten Arbeitsfläche zu einer ca. 1 Zentimeter dicken Wurst ausrollen und 1 Zentimeter breite Stücke abschneiden. Die Stücke mit einer Gabel leicht platt drücken, damit die bekannte Form entsteht. Leicht gesalzenes Wasser zum Sieden bringen und die Gnocchi darin garen lassen, bis sie an die Oberfläche kommen.

4 Kräuterseitlinge putzen und in Würfel schneiden. Frühlingszwiebeln waschen und fein hacken. Rosmarin waschen und trockenschütteln. Cherrytomaten waschen.

5 Olivenöl mit dem Rosmarinzweig in einer Pfanne erhitzen und die Kräuterseitlinge mit den Frühlingszwiebeln und den Cherrytomaten darin anbraten. Falls gewünscht, mit Salz und Pfeffer würzen.

6 Die Gnocchi in der Pilzpfanne schwenken und heiß servieren.

Tipp:
Die Gnocchimasse sollte nach dem Abkühlen eine weiche, aber nicht mehr klebrige Konsistenz haben. Ist die Masse zu weich geraten, etwas mehr Mehl einarbeiten.

Frikassee

Für 4 Portionen:

- 130 g trockene Sojaschnetzel
- Salz
- 1 Zwiebel
- 200 g weiße Champignons
- 200 g Spargel
- 3 EL Kokosöl
- Evtl. 1 Messerspitze Cayennepfeffer und Pfeffer
- 100 ml Gemüsefond
- 200 g Mischgemüse, frisch oder TK
- 1 EL Kapern
- Saft von ½ Zitrone
- 100 ml Sojacuisine

1 Soja mit kochendem Salzwasser überbrühen, 15 Minuten quellen lassen und ausdrücken. Zwiebel schälen und in feine Würfel schneiden. Champignons putzen und in Scheiben schneiden. Spargel schälen und in Stücke schneiden.

2 Kokosöl in einer Pfanne erhitzen und Pilze sowie Zwiebelwürfel darin ohne Farbe anschwitzen. Falls gewünscht, mit Cayennepfeffer, Salz und Pfeffer würzen. Soja dazugeben und mit anschwitzen, bis das Soja leicht gebräunt ist. Gemüsefond, Spargel und Mischgemüse dazugeben, aufkochen und 5 Minuten köcheln lassen.

3 Kapern mit etwas Wasser fein pürieren und unter das Frikassee rühren. Mit Zitronensaft und, falls gewünscht, mit Salz und Pfeffer abschmecken. Vom Herd nehmen und die Sojacuisine unterrühren.

Dazu passt Reis.

Nudelauflauf mit Erbsen und Karotten

Für 4 Portionen:

- Salz
- 500 g Penne
- 2 Zwiebeln
- 1 EL Albaöl, s. S. 39
- 200 g Karotten
- 400 ml Hafercuisine
- 50 g Kapern
- 200 g Erbsen (TK)
- 1 Prise geriebene Muskatnuss
- Evtl. 1 Messerspitze Cayennepfeffer
- Fett für die Form

1 Leicht gesalzenes Wasser in einem Topf zum Kochen bringen und die Pasta darin bissfest garen. Ofen auf 180 °C vorheizen.

2 Zwiebeln schälen und würfeln. Albaöl in einer Pfanne erhitzen und die Zwiebelwürfel darin glasig dünsten. In eine große Schüssel geben. Karotten waschen und in die Schüssel raspeln. Hafercuisine und Kapern pürieren und mit den Erbsen ebenfalls in die Schüssel geben. Nudeln abgießen und heiß mit den Zutaten in der Schüssel vermengen. Mit Muskat und, falls gewünscht, Cayennepfeffer sowie Salz abschmecken.

3 In eine gefettete Backform geben und für ca. 25 Minuten auf mittlerer Schiene im Ofen goldgelb backen.

Baby spezial: Essanfängern nur Ravioli und halbe Kirschtomaten anbieten – der Spinat ist schon eher etwas für Selbstlöffler.

Ravioli mit Pilzfüllung

Für 4 Portionen:

Für den Pastateig:
- 75 g Mehl
- 150 g Hartweizengrieß
- 1 TL Essig
- 1 EL Olivenöl

Für die Füllung:
- 300 g vorwiegend festkochende Kartoffeln
- Salz
- 3 Schalotten
- 150 g Kräuterseitlinge
- 100 g Austernpilze
- 1 EL Kokosöl
- Evtl. Pfeffer
- ½ Bund Petersilie
- 1 EL Hefeflocken
- Geriebene Muskatnuss
- 500 g frischer Spinat
- 10 Cherrytomaten
- 2 EL Olivenöl
- Saft von ½ Zitrone

1 Stunde Vorlauf

1 Für den Pastateig alle Zutaten mit 150 Milliliter Wasser in einer Küchenmaschine zu einem Teig verarbeiten. In Folie wickeln und 1 Stunde kalt stellen.

2 Für die Füllung Kartoffeln schälen, klein schneiden und in Salzwasser weich kochen. Anschließend abgießen und durch eine Kartoffelpresse drücken. Schalotten schälen und fein würfeln. Pilze putzen und in kleine Stücke schneiden. Das Kokosöl in einer großen Pfanne erhitzen und Schalotten sowie Pilze darin anbraten. Falls gewünscht, mit Salz und Pfeffer würzen.

3 Petersilie waschen, die Blätter sehr fein hacken und mit der Pilzmischung sowie den Hefeflocken zur Kartoffelmasse geben. Mit Muskat und, falls gewünscht, nochmals mit Salz und Pfeffer abschmecken.

4 Den Pastateig dünn ausrollen und die Kartoffel-Pilz-Mischung auf der einen Hälfte häufchenweise verteilen. Den freien Teig mit einem Pinsel anfeuchten, über die andere Hälfte klappen, andrücken und mit einer runden Form Ravioli ausstechen. Salzwasser in einem Topf zum Sieden bringen und die Ravioli darin für ca. 2 Minuten garen.

5 Spinat waschen und fein hacken. Tomaten waschen und halbieren. Olivenöl in einer Pfanne erhitzen und Spinat sowie Tomaten darin dünsten. Mit Zitronensaft, Muskat und, falls gewünscht, mit Salz und Pfeffer abschmecken.

6 Spinat-Tomaten-Mischung auf Tellern verteilen und die Ravioli darauf anrichten.

Dazu passt auch Tomaten- oder Carbonarasauce oder ein Pesto.

Wrap mit gegrilltem Gemüse

Für 4 Portionen:
- 2 rote Zwiebeln
- 1 rote Paprikaschote
- 1 gelbe Paprikaschote
- 1 Zucchini
- ½ Knoblauchzehe
- je ½ TL gerebelter Thymian und Oregano
- Paprikapulver
- 20 ml (ca. 2 EL) Olivenöl
- Evtl. Salz und Pfeffer
- ½ Salatgurke
- ½ Bund Minze
- 200 g Soja»joghurt«, ungesüßt
- 4 Tortilla-Wraps

1 Zwiebeln schälen. Gemüse waschen und alles in mundgerechte Stücke schneiden. Knoblauch schälen und fein hacken. Mit Thymian, Oregano, Paprikapulver und Öl zu einer Marinade verrühren, falls gewünscht, mit Salz und Pfeffer würzen. Das Gemüse in einer Schüssel mit der Marinade mischen und 10 Minuten ziehen lassen. Anschließend auf den Grill legen oder in einer Grillpfanne braten.

2 Gurke waschen und in feine Stifte schneiden. Etwas salzen und mindestens 10 Minuten ziehen lassen. Minze waschen, die Blätter fein hacken. Mit dem Soja-»joghurt« zu den Gurken geben. Falls gewünscht, mit Salz und Pfeffer abschmecken.

3 Gemüse und Dip in die Mitte des Tortilla-Fladens geben und zu einem Wrap einrollen.

Baby spezial: Servieren Sie einfach eine oder zwei von einer Rolle abgeschnittene Scheiben.

Quinoarisotto mit gebratenen Kräuterseitlingen

Für 4 Portionen:
- 2 Karotten
- 2 Schalotten
- 1 Bund Frühlingszwiebeln
- 2 Zweige Thymian
- 1 Zweig Rosmarin
- 3 EL Albaöl, s. S. 39
- Evtl. Salz und Pfeffer
- 250 g Kräuterseitlinge
- 250 g roter Quinoa
- 3 EL Olivenöl
- 500 ml Gemüsefond
- 1 TL Currypulver
- 100 ml Kokosmilch
- 2 Knoblauchzehen

1 Karotten waschen, Schalotten schälen. Beides in feine Würfel schneiden. Frühlingszwiebeln waschen. Das Grün in Ringe schneiden und zur Seite legen, den weißen Teil fein hacken.

2 Thymian und Rosmarin waschen und in eine Schüssel geben. Mit Albaöl, Salz und Pfeffer mischen. Kräuterseitlinge putzen, in grobe Scheiben schneiden und mit der Marinade vermengen.

3 Quinoa in einer Pfanne ohne Fett kurz rösten. Olivenöl und Karotten- sowie Schalottenwürfel in einen Topf geben und anschwitzen. Quinoa dazugeben und 1 Minute ebenfalls anschwitzen. Mit etwas Gemüsefond ablöschen und einkochen lassen. Currypulver dazugeben und nach und nach mit dem restlichen Gemüsefond aufgießen. Dazwischen immer wieder einkochen lassen. Zum Schluss die Kokosmilch dazugießen und einkochen lassen, bis der Quinoa gar ist, aber noch leichten Biss hat. Falls gewünscht, mit Salz und Pfeffer abschmecken.

4 Knoblauchzehen mit einem Messerrücken andrücken und in einer heißen Pfanne mit den Pilzen sowie dem Weiß der Frühlingszwiebeln anbraten. Falls gewünscht, mit Salz und Pfeffer würzen. Knoblauch entfernen.

5 Für große Esser vor dem Servieren die Ringe des Lauchgrüns unter den Risotto heben. Mit der Kräuterseitling-Frühlingszwiebel-Mischung servieren.

Tortilla-Pizza

Für 4 Portionen:
- 80 g getrocknete Tomaten in Öl
- Saft von ½ Zitrone
- 20 g Kalamataoliven
- 1 TL Kapern
- Etwas gerebelter Thymian und Rosmarin
- 50 ml Gemüsefond
- Evtl. Salz und Pfeffer
- 4 Tortilla-Wraps
- 400 g Cherrytomaten
- 50 g frischer Spinat
- 50 g Champignons
- 1 Schalotte
- 2 EL Olivenöl

1 Ofen auf 250 °C vorheizen. Getrocknete Tomaten mit Zitronensaft, Oliven, Kapern, Kräutern und Gemüsefond mit dem Stabmixer zu einer Sauce mixen, und, falls gewünscht, mit Salz und Pfeffer abschmecken. Auf den Wraps verteilen.

2 Tomaten und Spinat waschen, Champignons putzen, Schalotte schälen. Alles klein schneiden, den Spinat sehr fein hacken und ebenfalls auf den Wraps verteilen. Olivenöl darüberträufeln und mit Salz und Pfeffer würzen.

3 Die Wraps ca. 5 Minuten auf mittlerer Schiene im Ofen backen.

Kichererbsen-Bohnen-Eintopf

Für 4 Portionen:
- 1½ Zwiebeln
- 400 g Tofu Natur
- 4 EL Kokosöl
  8 EL Balsamico Bianco
- 5 EL Albaöl, s. S. 39
- 2 EL Weizenmehl, Typ 550
- 550 ml Gemüsefond
- 560 g Kichererbsen aus der Dose
- 3 Frühlingszwiebeln
- 100 ml Hafercuisine
- 2 EL Senf
- Evtl. Salz, Pfeffer

1 Zwiebeln schälen und mit dem Tofu fein würfeln. Kokosöl in einer Pfanne erhitzen und beides darin anschwitzen, bis die Zwiebeln glasig werden. Mit Balsamico ablöschen und von der Flamme nehmen.

2 Das Albaöl in einem Topf erhitzen und das Mehl darin farblos anschwitzen. Gemüsefond nach und nach unter ständigem Rühren dazugeben und binden lassen. Kichererbsen in ein Sieb geben. Frühlingszwiebeln waschen und in feine Röllchen schneiden. Mit Kichererbsen und Tofu zur Mehlschwitze geben und 5 Minuten köcheln lassen.

3 Hafercuisine und Senf dazugeben und mit Balsamico sowie, falls gewünscht, mit Salz und Pfeffer abschmecken.

Reispuffer mit Dattelratatouille

Für 4 Portionen:

Für die Dattelratatouille:
- ★ 3 Tomaten
- ★ 1 Aubergine
- ★ 1 Zucchini
- ★ 2 Paprikaschoten
- ★ 1 Zwiebel
- ★ 100 g Datteln ohne Kern
- ★ 2 Zweige Thymian
- ★ 2 EL Olivenöl
- ★ Evtl. Salz und Pfeffer

Für den Reispuffer:
- ★ 100 g Reis
- ★ Salz
- ★ 50 g Knollensellerie
- ★ ½ Zwiebel
- ★ 1 Karotte
- ★ 1 TL Kokosöl
- ★ Ca. 75 ml Haferdrink, ungesüßt
- ★ 2 EL Walnussöl
- ★ ¼ TL Backpulver
- ★ 40 g Veggie-Schmelz
- ★ Evtl. Pfeffer
- ★ 4 EL Kokosöl

1 Gemüse waschen, Zwiebel schälen. Alles in mundgerechte Würfel schneiden. Auberginenstücke leicht salzen und für etwa 10 Minuten auf Küchenpapier ziehen lassen. Datteln in Scheiben schneiden. Thymian waschen.

2 Olivenöl in einer großen Pfanne erhitzen und Zwiebeln, Auberginenstücke, Zucchini und Paprika darin anbraten. Tomaten, Thymian und Datteln dazugeben. Das Gemüse für ca. 5 Minuten kräftig weiterbraten, anschließend Thymianzweig entnehmen. Falls gewünscht, mit Salz und Pfeffer würzen.

3 Reis waschen, in einem Topf mit leicht gesalzenem Wasser weich kochen und kalt stellen.

4 Sellerie und Zwiebel schälen, Karotte waschen. Alles in kleine Würfel schneiden und in einer Pfanne mit 1 Teelöffel Kokosöl schmoren. Mit ¾ der Reismenge, Haferdrink und Walnussöl im Mixer zu einer Paste verarbeiten und in eine Schüssel geben. Backpulver, Schmelz und restlichen Reis unter die Masse mengen und, falls gewünscht, mit Salz und Pfeffer abschmecken.

5 Zu Puffern formen und in einer Pfanne nacheinander in 4 Esslöffel Kokosöl ausbacken. Mit der Dattelratatouille servieren.

Björn sagt:
Sollte die Puffermasse zu weich sein, einfach etwas Paniermehl einarbeiten. Reispuffer sind eine schnelle und tolle Mahlzeit und bieten sich immer an, wenn Reis vom Vortag übrig geblieben ist.

Überbackener Gemüseauflauf

Für 4 Portionen:
- 400 g mehligkochende Kartoffeln
- Etwas Salz
- 50 g Bärlauch
- 100 ml Haferdrink
- 3 EL Albaöl, s. S. 39
- Geriebene Muskatnuss
- 2 EL Hefeflocken
- Evtl. Pfeffer
- 300 g Karotten
- 2 rote Paprikaschoten
- 200 g Kohlrabi
- 2 EL Kokosöl
- Kreuzkümmel (Cumin)
- 250 g Soja»joghurt«, Natur
- 1 EL Speisestärke
- 1 TL gekörnte Gemüsebrühe
- 250 ml Hafercuisine
- 2 EL Senf

1 Kartoffeln schälen, in leicht gesalzenem Wasser zugedeckt 25 bis 30 Minuten gar kochen, abgießen, gut ausdämpfen lassen und durch eine Kartoffelpresse drücken. Bärlauch waschen, mit der Haferdrink sowie dem Albaöl im Mixer oder Mörser fein mixen und unter die gepressten Kartoffeln mischen. Mit Muskat, Hefeflocken und, falls gewünscht, Salz sowie Pfeffer würzen.

2 Ofen auf 200 °C vorheizen. Karotten und Paprika waschen, Kohlrabi schälen. Alles in grobe Stücke schneiden. Kokosöl in einem Topf erhitzen und das Gemüse bei mittlerer Hitze ca. 5 Minuten darin anschwitzen. Mit etwas Kreuzkümmel sowie, falls gewünscht, mit Salz und Pfeffer abschmecken und in eine geölte Auflaufform geben.

3 Soja»joghurt«, Speisestärke, Gemüsebrühe, Hafercuisine und Senf glatt rühren, mit Salz und Pfeffer würzen und über das Gemüse geben. Das Kartoffelpüree ebenfalls über das Gemüse geben und glatt streichen.

4 Den Auflauf ca. 10 Minuten zugedeckt und 15 Minuten offen auf der untersten Schiene im Ofen goldbraun backen. Vor dem Servieren 15 Minuten ruhen lassen.

Tipp: Falls Bärlauch gerade keine Saison hat, kann alternativ auch Rucola verwendet werden.

Saucen & Pesto

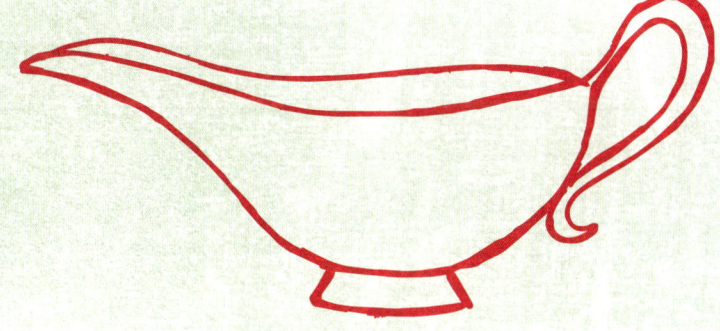

Bolognese

Für ca. 6 Portionen:
- 120 g Sojagranulat
- Salz
- 2 Zwiebeln
- 1 Knoblauchzehe
- 2–3 Karotten
- 180 g geschälte Tomaten aus der Dose
- 100 ml Gemüsefond
- 6 EL Kokosöl
- Etwas Paprikapulver
- Evtl. Pfeffer
- 2 gehäufte EL Tomatenmark
- 1 Bund Basilikum, sehr klein gehackt
- Je ½ TL gerebelter Thymian und Rosmarin
- 1 EL Hefeflocken
- 1 TL Speisestärke

1 Sojagranulat in einer Schüssel mit kochendem Salzwasser benetzen. Zwiebeln und Knoblauch schälen, Karotten waschen. Zwiebeln und Karotten in feine Würfel schneiden, Dosentomaten ebenso.

2 Kokosöl in einer beschichteten Pfanne erhitzen und Karottenwürfel sowie Sojagranulat darin anbraten. Mit Paprikapulver und, falls gewünscht, mit Salz und Pfeffer würzen. Sobald das Sojagranulat braun wird, die Zwiebelwürfel und die mit dem Messerrücken leicht zerdrückte Knoblauchzehe dazugeben und mit anschmoren. Temperatur verringern, Tomatenmark und Dosentomaten dazugeben und kurz mit schmoren.

3 Knoblauchzehe entfernen, mit Gemüsebrühe ablöschen, mit den Kräutern und den Hefeflocken würzen und ca. 15 Minuten köcheln lassen. Mit etwas Stärke abbinden.

Tomaten-Koriander-Salsa

Für 4 Portionen
- 4 reife Tomaten
- 1 rote Zwiebel
- 1 große, rote Chilischote
- 15 g frischer Koriander
- 1 EL Limettensaft

1 Tomaten waschen und in Stücke schneiden. Zwiebel schälen und ebenfalls in Stücke schneiden. Chilischote waschen, längs halbieren und entkernen.

2 Tomaten, Zwiebeln und Chili mit Koriander und Limettensaft im Standmixer oder mit dem Pürierstab zerkleinern und mischen.

Tipp: Die Salsa ist scharf und eignet sich nur für große Esser.

Björn sagt:

Die Saucen sind, wenn sie bei über 80 °C in saubere, ausgekochte Gläser abgefüllt werden, gut zwei Wochen im Kühlschrank haltbar.

Bei Pesto sollte die Oberfläche immer von genügend Öl bedeckt sein, eventuell muss nach einer Entnahme nachgefüllt werden. Die Dressings sollten – ebenfalls in sauberen Gläsern und im Kühlschrank aufbewahrt – innerhalb von zwei oder drei Tagen verbraucht werden.

Tomatensauce

Für ca. 5 Portionen:
- ★ 1 Zwiebel
- ★ 30 g Knollensellerie
- ★ 2 Karotten
- ★ 2 EL Kokosöl
- ★ 1 Dattel, kleingehackt
- ★ 100 g Tomatenmark
- ★ ½ TL Kräuter der Provence
- ★ 200 g Tomaten geschält
- ★ 200 ml Gemüsefond
- ★ Evtl. Salz und Pfeffer

1 Zwiebel und Knollensellerie schälen. Karotten waschen. Alles in feine Würfel schneiden und in einer Pfanne mit dem Kokosöl kräftig anbraten. Temperatur verringern, kleingehackte Dattel, Tomatenmark und Kräuter dazugeben und leicht mitrösten. Mit Gemüsefond ablöschen, geschälte Tomaten dazu geben und 15 Minuten köcheln lassen. Bei Bedarf etwas mehr Gemüsefond dazugießen. Falls gewünscht, mit Salz und Pfeffer abschmecken.

Carbonarasauce

Für 4 Portionen:
- ★ 1 Zwiebel
- ★ ½ Knoblauchzehe
- ★ 100 g Räuchertofu
- ★ 3 EL Kokosöl
- ★ 3 EL Albaöl, s. S. 39
- ★ 2 EL Weizenmehl, Typ 550
- ★ 400 ml Sojadrink, ungesüßt
- ★ Etwas Sojacuisine
- ★ 2 EL Hefeflocken
- ★ 1 TL Senf
- ★ Saft von ½ Zitrone
- ★ Evtl. Salz und Pfeffer

1 Zwiebel und Knoblauch schälen. Zwiebel in feine Würfel schneiden. Knoblauch reiben. Räuchertofu ebenfalls fein würfeln und in einem Topf mit Zwiebeln und Kokosöl scharf anbraten.

2 Temperatur verringern, das Albaöl und anschließend das Mehl in den Topf geben und kurz anschwitzen. Sojadrink langsam unter ständigem Rühren in den Topf gießen und die Sauce binden lassen.

3 Mit Sojacuisine verfeinern und mit Hefeflocken, Knoblauch, Senf, Zitronensaft sowie, falls gewünscht, mit Salz und Pfeffer abschmecken.

Dunkle Sauce

Für 4 Portionen:
- 1 Zwiebel
- ½ Karotte
- ½ Stange Lauch
- 50 g Knollensellerie
- 3 EL Kokosöl
- 1 TL Tomatenmark
- 1 EL Mehl
- 500 ml Gemüsebrühe
- 1 Lorbeerblatt
- 1 Pimentkorn
- Evtl. Salz und Pfeffer

1 Zwiebel halbieren und die Schnittflächen in einem heißen Topf ohne Öl braun rösten.

2 Karotte und Lauch waschen, Knollensellerie schälen. Alles in grobe Stücke schneiden und mit dem Kokosöl in den Topf zur Zwiebel geben. Rösten, bis das Gemüse Farbe nimmt. Temperatur reduzieren, Tomatenmark und Mehl dazugeben und für ca. 3 Minuten weiterrösten. Gemüsebrühe, Lorbeer und Piment dazugeben, aufkochen und 15 Minuten leicht köcheln lassen.

3 Falls gewünscht, mit Salz und Pfeffer abschmecken. Vor dem Servieren durch ein Sieb passieren.

Karotten-Quinoa-Sauce

Für 4 Portionen:
- 1 mittelgroße Karotte
- 2 Schalotten
- 100 g roter Quinoa
- 3 EL Olivenöl
- 225 ml Gemüsefond
- Evtl. Salz und Pfeffer
- Evtl. 2 Frühlingszwiebeln und etwas Chilisauce

1 Karotte waschen, Schalotten schälen und beides in sehr feine Würfel schneiden.

2 Quinoa in einer heißen Pfanne ohne Fett sanft rösten und anschließend Olivenöl und Gemüsewürfel dazugeben. Anschwitzen, bis die Schalotten goldgelb sind. Mit Gemüsefond aufgießen und weich köcheln lassen. Falls gewünscht, mit Salz und Pfeffer würzen.

3 Für die großen Esser Frühlingszwiebeln waschen und in Ringe schneiden. Mit der Chillisauce untermischen.

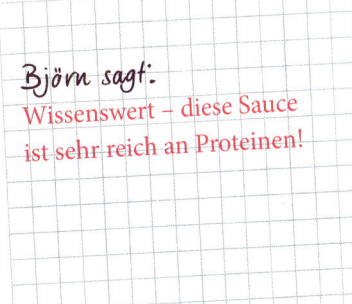

Björn sagt:
Wissenswert – diese Sauce ist sehr reich an Proteinen!

Basilikumpesto

Für 1 kleines Glas, ca. 150 g:
- 1 Bund Basilikum
- 8 EL Olivenöl
- 50 g Cashewnüsse
- 1 TL Hefeflocken
- ½ TL Zitronensaft
- Evtl. Salz und Pfeffer

1 Basilikum waschen. Die Blätter von den Stängeln zupfen und trocken tupfen.

2 Mit Olivenöl und Cashewnüssen im Mörser oder Mixer zu einem Pesto verarbeiten.

3 Mit Hefeflocken, Zitronensaft sowie, falls gewünscht, mit Salz und Pfeffer würzen.

Rucolapesto

Für 1 kleines Glas, ca. 150 g:
- 100 g Rucola
- ½ Knoblauchzehe
- 50 g Mandeln
- 1 TL Hefeflocken
- 30 ml Olivenöl
- ½ TL Balsamico Bianco
- Evtl. Salz und Pfeffer

1 Rucola waschen und grob schneiden. Knoblauch schälen.

2 Rucola, Knoblauch, Mandeln, Hefeflocken und Olivenöl im Mörser oder Mixer zu einem Pesto verarbeiten.

3 Mit Balsamico sowie, falls gewünscht, mit Salz und Pfeffer würzen.

Waldbeerendressing

Für 150 ml:
- 70 ml Rapsöl
- 40 ml Sojadrink
- 30 g Waldbeeren (TK)
- 1 TL Balsamico
- 1 EL Agavendicksaft
- ½ TL Gemüsebrühe
- 1 TL Senf
- Evtl. Salz und Pfeffer

1 Alle Zutaten in einem Mixer verrühren. Falls gewünscht mit Salz und Pfeffer würzen.

Dill-Limetten-Pesto

Für 1 kleines Glas, ca. 150 g:
- ½ Bund Dill
- Saft von 1 Limette
- 6 EL Olivenöl
- 2 gehäufte EL gemahlene Walnüsse
- 2 EL geröstete Sesamsamen
- Evtl. Salz und Pfeffer

1 Dill waschen und sehr fein hacken. Mit den restlichen Zutaten im Mörser oder Mixer zu einem Pesto verarbeiten. Falls gewünscht, mit Salz und Pfeffer würzen.

Sweets

Süßer Abschluss für größere Esser

Dieses Buch soll Kochspaß für die ganze Familie bringen – nicht nur während der Beikostphase. Weil Björns vegane Dessertträume einfach zu gut sind, haben wir feierlich beschlossen, hier – sozusagen als »Bonustracks« – auch ein paar Rezepte mit Zucker aufzunehmen. Genießen Sie diese bitte erst mit Kindern, die mindestens ein Jahr alt sind! Über den grundsätzlichen Umgang mit dem Thema Zucker und der süßen Geschmacksrichtung haben wir auf S. 30 geschrieben.

Blaubeermuffins

Für 12 Stück:
- 120 g Blaubeeren
- 300 g Dinkelmehl
- 1 Vanilleschote
- 75 ml Albaöl, s. S. 39
- 50 ml Kokosöl
- 300 ml Sojadrink
- 100 ml kohlensäurehaltiges Mineralwasser
- 1 EL Speisestärke
- 90 g Kokosblütenzucker
- 1 Päckchen Weinstein-Backpulver
- 2 EL Kakaopulver

mit Zucker

1 Ofen auf 180 °C vorheizen und Papierförmchen in die Muffinform geben.

2 Blaubeeren waschen und mit etwas Mehl bestäuben. Vanilleschote längs halbieren und das Mark herauskratzen. Das Mehl sieben. Vanillemark, Mehl und restliche Zutaten – bis auf Kakaopulver und Beeren – in eine Schüssel geben und zu einem zähen Teig verrühren. Die Hälfte davon in die Förmchen füllen.

3 Kakaopulver und Beeren unter den restlichen Teig heben und diesen ebenfalls in die Förmchen füllen. Die Muffins ca. 20 Minuten auf mittlerer Schiene im Ofen backen. Vor dem Verzehr unbedingt etwas abkühlen lassen.

Mandelschmarrn

Ergibt: 2 Portionen
- 4 Datteln
- 300 ml Mandeldrink
- 60 g Apfelmus
- Mark von ½ Vanilleschote
- 1 Prise Salz
- 1 Päckchen Backpulver
- 180 g Dinkelvollkornmehl
- ½ TL Zitronenabrieb
- 6 EL Albaöl, s. S. 39

1 Datteln entkernen und mit dem Mandeldrink fein mixen. Dann mit allen Zutaten bis auf das Kokosöl zu einem homogenen Teig verarbeiten.

2 Albaöl in einer Pfanne auf mittlere Temperatur erhitzen. Die Hälfte des Teigs darin auf beiden Seiten ausbacken, dann mit einer Gabel zerreißen. Mit dem restlichen Teig wiederholen und warm servieren.

Povesen

Für 4 Portionen:
- 8 Scheiben Weißbrot
- 75 g Pflaumenmus
- 200 ml Mandeldrink
- 100 g Mehl
- 100 ml Kokosöl
- Ca. 5 EL Albaöl, s. S. 39
- Für größere Esser: evtl. 30 g Puderzucker

1 Weißbrotscheiben mit Pflaumenmus bestreichen und je zwei zusammenklappen. Entrinden und in Dreiecke schneiden. Dreiecke erst im Mandeldrink und anschließend im Mehl wenden.

2 Öl in einer Pfanne auf maximal 140 °C erhitzen und die Sandwiches darin goldgelb ausbacken.

3 Falls gewünscht, für die größeren Esser mit Puderzucker bestäuben und warm oder kalt servieren.

Butterplätzchen

mit Zucker

Für ca. 36 Stück:
- 250 g Mehl
- 200 g vegane Bio-Margarine
- 100 g Rohrohrzucker
- 80 g Apfelmark
- 1 Päckchen Vanillezucker
- Etwas abgeriebene Schale von 1 Bio-Zitrone

1 Zutaten zu einem geschmeidigen Teig verarbeiten und mindestens 1 Stunde lang im Kühlschrank ruhen lassen. Ofen auf 200 °C vorheizen.

2 Arbeitsfläche mit Mehl bestäuben und Teig mit einem Nudelholz 2 Millimeter dick ausrollen. Mit verschiedenen Förmchen Plätzchen ausstechen.

3 Die Plätzchen auf ein mit Backpapier belegtes Backblech geben und ca. 15 Minuten im Ofen backen. Abkühlen lassen und nach Belieben verzieren.

Brownies

Für 1 Blech:
- 200 g Zartbitterkuvertüre
- 500 g Mehl, Typ 550
- 350 g Kokosblütenzucker
- 170 g Kakaopulver
- 1 Päckchen Bourbon-Vanillezucker
- 1½ Päckchen Backpulver
- 1 Messerspitze Natron
- 650 ml Sojadrink, ungesüßt
- Zesten und Saft von ½ Bio-Zitrone
- 75 ml Kokosöl
- Ca. 7–8 EL Albaöl, s. S. 39

mit Zucker

1 Ofen auf 210 °C Umluft vorheizen.

2 Kuvertüre grob hacken, mit den trocknen Zutaten in eine Rührschüssel geben und vermischen. Flüssige Zutaten dazugeben und alles zu einer cremigen Masse verrühren.

3 Den Teig auf ein gefettetes Backblech geben und 15 bis 18 Minuten im Ofen backen. Nach dem Abkühlen nach Belieben mit einer Glasur versehen.

Apfel-Zimt-Schnecken

Für 1 Blech:

Für den Teig:
- 7 Datteln
- 250 ml Haferdrink, ungesüßt
- ½ Hefewürfel
- 250 g Mehl
- Ca. 3–4 EL Albaöl
- 1 Prise Salz
- 1 TL Zimt

Für die Füllung:
- 4 El Paniermehl
- 2 El Albaöl
- 6 El Apfelmark

1 Datteln mit dem Haferdrink in einer Rührschüssel glatt pürieren. Hefe untermischen und für 15 Minuten an einen warmen Ort stellen.

2 Restliche Zutaten dazugeben und mit einer Küchenmaschine zu einem geschmeidigen Teig verarbeiten. Zugedeckt abermals 30 Minuten gehen lassen. Zutaten für die Füllung vermischen.

3 Den Teig durchkneten, zu einem Viereck ausrollen und die Füllung darauf verstreichen. Einrollen und in 1 bis 2 cm dicke Scheiben schneiden. Auf einem mit Backpapier ausgelegten Blech verteilen und weitere 30 Minuten gehen lassen.

4 Im auf 180°C vorgeheizten Backofen ca. 15 Minuten bei Heißluft backen.

Waffeln

Für ca. 4 Portionen:
- ★ 230 g Weizenmehl
- ★ Mark von ½ Vanilleschote
- ★ ½ EL Backpulver
- ★ ¼ Prise Salz
- ★ 300 ml Haferdrink, ungesüßt
- ★ 100 g Alsan (vegane Butter)

1 Tag Vorlauf

1 Alle Zutaten in einer Küchenmaschine zu einem Teig verarbeiten. Den Teig über Nacht im Kühlschrank ruhen lassen.

2 Den Teig in einem eingefetteten Waffeleisen zu Waffeln ausbacken und nach Belieben mit frischen Obst oder mit der Vanillesauce servieren.

Vanillesauce

Für 400 ml:
- ★ ½ Vanilleschote
- ★ 400 ml Sojadrink, ungesüßt
- ★ 1 Messerspitze Kurkuma
- ★ 2 EL Kokosblütenzucker
- ★ 1 TL Speisestärke

mit Zucker

1 Das Mark aus der Vanilleschote kratzen.

2 Ca. 5 EL des Sojadrinks in ein Glas geben. Restlichen Sojadrink mit Vanillemark, Kurkuma und Rohrohrzucker in einen Topf geben und aufkochen.

3 Speisestärke mit dem kalten Sojadrink mischen und langsam unter ständigem Rühren in den kochenden Sojadrink geben. 1 Minute köcheln lassen, vom Herd nehmen und abkühlen lassen.

Rübliküchlein mit Zitronenmousse

mit Zucker

Für 12 Stück:

Für die Rübliküchlein:
- 2½ Karotten
- 3 EL Albaöl, s. S. 39
- Ca. 8 EL neutrales Öl, z. B. Rapsöl
- 240 g Kokosblütenzucker
- 210 g Weizenmehl, Typ 550
- 55 g Weizenvollkornmehl
- 1 Päckchen Weinstein-Backpulver
- 1 Prise Salz
- 1 TL gemahlener Zimt
- 150 g Soja»joghurt«, ungesüßt
- 50 g Walnüsse, fein gehackt
- 1 TL Zitronenzesten

Für die Zitronenmousse:
- 4 Bio-Zitronen
- 3 EL Rohrohrzucker
- 1 TL Speisestärke
- 250 g vegane Schlagcreme

1 Für die Rübliküchlein Ofen auf 180 °C vorheizen.

2 Karotten waschen, reiben und mit den restlichen Zutaten zu einem zähflüssigen Teig verarbeiten. Papierförmchen in die Muffinform legen und zu ¾ mit Teig befüllen.

3 Die Muffins 25 Minuten auf mittlerer Schiene im Ofen backen.

4 Für die Zitronenmousse die Zitronen heiß waschen und trocken reiben. Die Schale mit einem Zestenreißer abnehmen, die Zitronen auspressen.

5 Zitronenzesten und -saft in einem Topf mit dem Zucker aufkochen. Speisestärke mit etwas Wasser verrühren und zu dem kochenden Zitronenwasser geben. Eindicken und abkühlen lassen.

6 Die Schlagcreme in der Küchenmaschine steif schlagen und die Zitronenmasse vorsichtig unterheben. Die Rübliküchlein mit der Zitronenmousse servieren.

Anhang

Die Autorinnen und der Koch

Loretta Stern ist Schauspielerin, Fernsehmoderatorin und Autorin. Aber vor allem ist sie von ganzem Herzen Mutter ihrer Tochter Karline. Auch sie durfte in ihrem eigenen Tempo breifrei essen lernen.

Anja Constance Gaca ist Hebamme, Still- und Laktationsberaterin (IBCLC) und gibt Beikost-Kurse für Eltern. Außerdem schreibt die Mutter von vier breifrei aufgewachsenen Kindern den Blog »Von guten Eltern«.

Björn Moschinski ist mit 14 Vegetarier geworden, ein Jahr später Veganer. Er war Chefkoch in renommierten veganen Lokalen, schrieb mehrere erfolgreiche Kochbücher und gibt gefragte Schulungen für Köche.

Dank

Anja und Loretta sagen danke …
* an unsere Familien, die uns zum wiederholten Male geduldig und verständnisvoll durch die Entstehungszeit eines Buches begleitet haben,
* an Björn Moschinski, der sich aus dem Stand für unser Projekt begeistert und an die Kochtöpfe geschwungen hat,
* an Markus Keller, der für dieses Buch sein umfangreiches und fundiertes Wissen über pflanzliche Ernährung mit uns geteilt hat,
* an Silke Foos, die tapfer den Überblick behielt, auch wenn von allen Seiten Textfassungen, Rezepte und Fotos gleichzeitig kamen,
* an Ulrike Kretschmer, die das Ganze sanft und sinnvoll lektoriert hat,
* an alle Eltern, die sich aufgeschlossen mit dem Thema Beikost auseinandersetzen.

Björn sagt danke …
Mein größter Dank gilt meiner Familie und meinen Freunden, die mir stets den Rücken frei halten, damit ich meine Projekte realisieren kann.
Danke auch an Markus Keller für die Bereitschaft, uns als Experte im Bereich der Ernährung zu unterstützen.
Vielen Dank an Loretta und Anja für die Einführung in die Welt der babygerechten Nahrung und auch für das Vertrauen, das ihr mir entgegengebracht habt. Und last but not least vielen Dank an Silke vom Verlag, Andreas vom Management, das Lektorat, die Designschmiede und das Food-Fototeam, ohne die dieses Projekt nicht zu dem geworden wäre, was es jetzt ist … einfach geil!

Anmerkungen

1. World Health Organization (2013): Breastfeeding recommendation »10 facts on breastfeeding«, URL: http://www.who.int/features/factfiles/breastfeeding/en/
2. Reese, I. / Schäfer, C. (2009): Allergien vorbeugen. Allergieprävention heute: Toleranzentwicklung statt Allergen vermeiden!, S. 78–84, systemed Verlag, Lünen
3. Nationale Stillkommission am Bundesinstitut für Risikobewertung (2004): »Empfehlung der Nationalen Stillkommission am BfR vom 1. März 2004«, URL: http://www.bfr.bund.de/de/empfehlungen_zur_stilldauer___einfuehrung_von_beikost-54044.html
4. Bundesministerium für Ernährung und Landwirtschaft, Netzwerk junge Familie (2013): »Nachgefragt: Brauchen Säuglinge Folgenahrung?«, URL: http://www.gesundinsleben.de/ueber-uns/meldungen-aus-dem-netzwerk/detailansicht-news/aktuell/nachgefragt-im-juni-brauchen-saeuglinge-folgenahrung/?tx_ttnews%5Byear%5D=2013&tx_ttnews%5Bmonth%5D=06&tx_ttnews%5Bday%5D=11&cHash=af3ac51dcec3aeb27a282a89863064ec
5. Von Ribbeck, J. (2012): Schnelle Hilfe für Kinder, S. 50–59, Kösel Verlag, München
6. Bundesministerium für Ernährung und Landwirtschaft, Netzwerk Junge Familie (2013): »Zeit fürs Trinkenlernen«, 2013, URL: http://www.gesund-ins-leben.de/fuer-familien/erstes-lebensjahr/zeit-fuer-breikost/#c758
7. Bundesministerium für Ernährung und Landwirtschaft, Netzwerk junge Familie (2013): »Nachgefragt: Brauchen Säuglinge Folgenahrung?«, 2013, http://www.gesundinsleben.de/ueber-uns/meldungen-aus-dem-netzwerk/detailansicht-news/aktuell/nachgefragt-im-juni-brauchen-saeuglinge-folgenahrung/?tx_ttnews%5Byear%5D=2013&tx_ttnews%5Bmonth%5D=06&tx_ttnews%5Bday%5D=11&cHash=af3ac51dcec3aeb27a282a89 863064ec
8. Stern, L.; Nagy, E.: *Einmal breifrei, bitte*, München, Kösel 2013, S. 114
9. https://www.gesund-ins-leben.de/ueber-uns/meldungen-aus-dem-netzwerk/detailansicht-news/aktuell/nachgefragt-im-juli-warum-brauchen-saeuglinge-zusaetzlich-vitamin-d/?tx_ttnews%5Bday%5D=09&tx_ttnews%5Bmonth%5D=07&tx_ttnews%5Byear%5D=2013&cHash=49558c31e1c8af874f860e0dfca87798)
10. https://www.ncbi.nlm.nih.gov/pmc/articles/PMC4628270/)
11. Carruth, B. R. et al. (2000): Revisiting the Picky Eater Phenomenon: Neophobic Behaviors of Young Children, URL: http://www.tandfonline.com/doi/abs/10.1080/07315724.2000.10718077#.U2IR8ShQIy4

Rezeptregister

Apfel-Pfannkuchen 49
Apfel-Zimt-Schnecken 132
Auberginen-Streichcreme 64
Avocado-Gazpacho 90
Basilikumpesto 124
Beeren-Lassi 55
Blätterteig-Schiffchen mit Spinat und Tofu-Feta 82
Blaubeermuffins 128
Bohneneintopf 89
Bolognese 118
Brombeer-Apfel-Ananas-Smoothie 55
Brownies 132
Butterplätzchen 131
Carbonarasauce 120
Dal 84
Deftige Blätterteigschnecken 75
Dill-Limetten-Pesto 126
Dunkle Sauce 123
Veganer »Eiersalat« 68
Erbsencremesuppe mit Räuchertofu 87
Erbsen-Minze-Dip 58
Express-Falafel 81
Frikassee 105
Gemüsefond 94
Grüner Smoothie 56
Gurkenkaltschale 94
Hackbällchen 78
Hokkaido-Cremesuppe 90
Hummus 61
Karotten-Quinoa-Sauce 123

Kartoffel-Champignon-Joghurt-Aufstrich 67
Kartoffel-Karotten-Suppe 93
Kartoffelrösti 76
Kicherebsen-Bohnen-Eintopf 112
Kichererbsen-Curry-Aufstrich 61
Kürbiscreme 67
Kürbisgnocchi mit gebratenen Krauterseitlingen 102
Kürbisketchup 62
Linsenaufstrich 58
Linsenpfanne mit mediterranem Gemüse 98
Mais-Avocado-Aufstrich 68
Mandelschmarrn 128
Mango-Lassi 56
Mayonnaise 62
Veganer »Matjessalat« 70
Mediterraner Streich 64
Nudelauflauf mit Erbsen und Karotten 105
Ofengemüse mit Gurke-Joghurt-Dip 98
Orientalischer Blumenkohl 76
Pancakes 49
Panini 72
Porridge mit Früchten 52
Povesen 131
Quinoa-Reis-Taler 81
Quinoarisotto mit gebratenen Kräuterseitlingen 111

Ratatouille mit Maistalern 101
Ravioli mit Pilzfüllung 107
Reispuffer mit Dattel-ratatouille 114
Rohkost-Tomatencremesuppe mit Fenchel 96
Rote-Bete-Suppe 89
Rübliküchlein mit Zitronen-mousse 137
Rucolapesto 124
Sahnemilchreis 52
Spargelcremesuppe 93
Steckrübensuppe 87
Tofurührei 50
Tomaten-Kokos-Suppe 84
Tomaten-Koriander-Salsa 118
Tomatensauce 120
Tortilla-Pizza 112
Überbackener Gemüseauflauf 116
Vanillesauce 134
Veggiewürstchen im Schlafrock 75
Waffeln 134
Waldbeerendressing 126
Wie Fischstäbchen 78
Wrap mit gegrilltem Gemüse 108
Zucchinimuffins 72

143

Breifrei – die Grundlagen und 80 Rezepte

Kösel

www.koesel.de

Das erfolgreiche Grundlagenbuch zum Trendthema »breifrei« – geeignet für Stillbabys und Flaschenkinder.

Unkomplizierte und leckere Rezepte für Fingerfood, Frühstücksideen, warme und kalte Hauptgerichte.